LGBTとハラスメント

神谷悠
松岡宗

a pilot of wisdom

はじめに

松岡宗嗣

「なに男同士でくっついてんだよ、気持ち悪いな〜、〝ホモ〟かよ（笑）」

これは、私が実際に職場の忘年会で聞いた言葉です。直接、私が言われた言葉ではありません。単にじゃれあっている男性社員二人に対して、上司から発せられた一言でした。それでも同性愛者である私の心を突き刺し、「この場は安全ではない」と思わせるには十分な一言でした。

その場にいた全員が笑っていて、私も薄っぺらい笑みを浮かべながら生温《なまぬる》い声で笑いました。緊張で身体《からだ》は強張《こわば》りつつも、スッと自分の心の中が空になり、まるでその空間を外から傍観しているような感覚になったのを覚えています。

職場で、このようないわゆる「ホモネタ」などの発言を見聞きしたことがある人はきっと少なくないでしょう。実はこうしたハラスメントが、もう法的に〝してはいけないこと〟となりつつあるのはご存じでしょうか。

ホモネタなど、性的指向や性自認に関する侮蔑的な言動のことを「ＳＯＧＩハラスメント」、略して、「SOGIハラ（ソジハラ）」といいます。

「SOGI」は、「Sexual Orientation（性的指向）」と、「Gender Identity（性自認）」の頭文字から取った言葉で、性的指向は、自分の恋愛や性愛の感情がどの性別に向くか、向かないかという要素、性自認は、自分の性別をどう認識しているかという要素を表します。

さらには、「私、直接聞いちゃったんだけど、実はあの人レズビアンなんだって」など、本人の性のあり方を第三者に勝手に暴露してしまうことを「アウティング」といい、SOGIハラと同じように、法的に〝してはいけないこと〟となりつつあります。

SOGIハラやアウティングは、主にセクシュアルマイノリティに対する偏見（過度に性的なイメージや劣ったものと位置付けられてきたこと等）から生じるハラスメントですが、つい最近までこれらは単なる笑いや噂話《うわさばなし》として〝成立するもの〟とされてしまっていました。

例えば、

「○○さんって、〝レズ〟なんだって、怖いよね」

「お前クネクネしてて〝ホモ〟っぽいよな、俺のこと襲うなよ」

「あなた〝元女〟だから声が高いよね、やっぱ男にはなれないんだね」

「隣の部署の○○さんって〝おかま〟なんだって。ずっと〝ソッチ系〟だと思ってたんだよね」

など、これまで見聞きしたことがある、または自分でも言ってしまっていた、と思い当たる人は少なくないのではないでしょうか。

近年、セクシュアルマイノリティを表す、いわゆる「ＬＧＢＴ」という言葉の認知度は高まってきていますが（詳しく説明できるという人はまだまだ多くないでしょう）、一方でＳＯＧＩハラやアウティングは、まだ多くの人に知られていない言葉です。

しかし、二〇一九年五月末、全ての企業や学校、自治体等の職場にパワーハラスメント防止義務を課す「改正労働施策総合推進法（以下『パワハラ防止法』という）」が成立。二〇二〇年一月に告示された指針では、ＳＯＧＩハラとアウティングもパワーハラスメントとなり、防止対策を講ずることが企業に義務付けられました。大企業（団体含む）・地方自治体では二〇二〇年六月から、中小企業は二〇二二年四月から防止対策が義務化されます。

パワーハラスメントに該当するＳＯＧＩハラとアウティングについて、パワハラ防止法に基づく「事業主が職場における優越的な関係を背景とした言動に起因する問題に関して雇用管理上講ずべき措置等についての指針（以下『指針』という）」には次のように記載され、企業等に防止対策を義務付けています。

「ＳＯＧＩハラ」については「人格を否定するような言動を行うこと。相手の性的指向・性自認に関する侮辱的な言動を行うことを含む。」

「アウティング」については、「労働者の性的指向・性自認や病歴、不妊治療等の機微な個人情報について、当該労働者の了解を得ずに他の労働者に暴露すること。」とされました。

では、具体的に私たちはＳＯＧＩハラやアウティングを防ぐためにどのように考え、行動していけば良いのでしょうか。

本書では、まず序章で「性の多様性」に関する基礎知識を押さえた後、第一章から第三章で、ＳＯＧＩハラやアウティングにつながりそうな、セクシュアルマイノリティについて「よくある勘違いをする人たち」について紹介します。

例えば「ＬＧＢＴってテレビに出てくるオネエタレントのことじゃないの？」「ＬＧＢＴは自然に反するのでは？」といった勘違いや、「うちの職場にＬＧＢＴはいない」「私はＬＧＢＴの友達がいるから理解がある」と思い込む人など、意外とまだまだ知られていない勘違いを、いくつかのパターンに分けて取り上げます。

第四章と第五章では、SOGIハラやアウティングを防止するために、具体的に何が必要か、今回のパワハラ防止法を解説しつつ、企業に求められる具体的な対策の内容を紹介します。法律上、何がハラスメントに当たるのかや、企業のセクシュアルマイノリティ関連施策の現状など、人事・労務関係の方はもちろん、企業で働く全ての人にとって必要となる情報をお届けします。

著者の一人である神谷悠一《ゆういち》は、全国約一〇〇のLGBTの当事者・支援者団体の連合体「性的指向および性自認等により困難を抱えている当事者等に対する法整備のための全国連合会（通称、LGBT法連合会）」の事務局長として、SOGIハラやアウティング対応も含めた法整備を求める活動の傍ら、多くの企業、自治体、労働組合等で職場施策の研修やアドバイスを行っています。

もう一人の著者である私、松岡宗嗣《そうし》は、ゲイの当事者として、またライターとして、これまで法律や政策、ビジネス、メディアやエンターテインメント等におけるセクシュアルマイノリティに関するさまざまな記事を執筆してきました。特にSOGIハラやアウティングについても取材を重ねています。教育機関や企業、自治体等でも多数、研修や講演を行ってきました。

本書では、現場の実態や法律、職場の人事・労務の観点など、著者二人の多角的な背景を活《い》かし、個別的な事例から制度まで、ミクロとマクロの両方の視点からこの問題を取り上げます。「自分の無意識な一言で、誰かを傷つけてしまっていたのではないか」と思う人にも、今日から意識や言動を変える上できっと役に立つはずです。

メディアでは、セクシュアルマイノリティに対する差別や偏見、当事者が直面する困難について報道される機会が増えつつあります。おそらく、今の時代、セクシュアルマイノリティを〝わざわざ差別したい〟と思う人は少数派になりつつあると思います。

しかしそうであっても、残念ながら差別やハラスメントは、無意識のうちに、本人の悪気なく行われてしまうことが往々にしてあります。だからこそ、こうしたハラスメントによる被害が顕在化した際、加害者も「そんなつもりはなかった」と驚き、本来は簡単に防げるはずなのに、結果大事《おおごと》となってしまうことが少なくありません。例えば、加害者が何度もハラスメント行為を続けてしまい、辛《つら》さを溜《た》めに溜めてしまった被害者から訴訟を起こされた場合、加害者側は「なぜ突然訴えられることになってしまったのか」と驚愕《きょうがく》してしまう、といった具合にです。

さらにいうと、特にＳＯＧＩハラは、誰もが加害者にも被害者にもなり得る可能性があります。詳しくは序章で述べますが、「お前ホモ〝みたい〟だな」というハラスメントが起きてしまった際、多くの場合、被害者がセクシュアルマイノリティの当事者であることを想定するかもしれませんが、実は被害者が〝非当事者〟であるケースも少なくありません。

本書を手に取った方の中には、「また〝〇〇ハラ〟と新しいものが登場した」「なんでもかんでもハラスメントになると何も発言できなくなる」と辟易《へきえき》した気持ちになっている人もいるかもしれません。しかしながら、これまでは何の疑問も持たずにホモネタなどのSOGIハラで笑っていた多くの人たちの側《そば》で、傷つき、でも泣き寝入りするしかなかった人たちがたくさんいるということ、その背景や構造を本書を通じて知っていただければと思います。

誰もがSOGIハラやアウティングの加害者にも被害者にもならないよう、本書が「性のあり方」についての視点や、セクシュアルマイノリティを取り巻く現状、ハラスメントが起きてしまう背景について認識するための処方箋となれば幸いです。さらに、「性」という誰にとっても身近で、しかし実はあまり知られていない奥深さについて触れることで、みなさんの認識をアップデートするお手伝いができればと思います。

二〇二〇年六月

目次

第三章　「ＬＧＢＴ」に限らないよくある勘違い

図版作成/MOTHER

序章　「性の多様性」についての基礎知識

本章では、まず「性の多様性」に関する基礎知識を押さえておきます。

LGBTとは

最初は、LGBTという言葉について。近年ニュースでもよく取り上げられるようになり、聞いたことはある、という人が多いのではないでしょうか。

LGBTとは、レズビアン（Lesbian）、ゲイ（Gay）、バイセクシュアル（Bisexual）、トランスジェンダー（Transgender）の四つの頭文字から取った言葉で、レズビアンは、自分のことを女性と認識していて、同性である女性を好きになる「女性同性愛者」、ゲイは「男性同性愛者」、バイセクシュアルは女性を好きになることもあれば、男性を好きになることもある「両性愛者」を指します。トランスジェンダーは「生まれた時に割り当てられた性別と、自分の認識している性別が一致していない人」のことをいいます。

「性の多様性」の四要素

性のあり方が多数派に属さない人たちのことをセクシュアルマイノリティ（性的少数者）といいますが、そうした人たちの中には、Ｌ・Ｇ・Ｂ・Ｔの四つだけでなく、さまざまな性のあり方を持つ人たちがいます。ただ、ＬＧＢＴという言葉が、ある種の〝チーム名〟的に、セクシュアルマイノリティ全体を表す言葉の一つとして使われることもあります。

なお、ＬＧＢＴに「Ｑ」を加え、ＬＧＢＴＱとする場合もあります。この場合の「Ｑ」は、クィア、クエスチョニングいずれかの頭文字であり、クィアは「規範的な性のあり方以外のセクシュアリティ」、クエスチョニングは「自らの性のあり方等について特定の枠に属さない人、わからない人。典型的な男性・女性ではないと感じる人」を表します。

少し視点を変えて、私たちが日頃、性別についてどのように捉えているのか振り返って考えてみたいと思います。

おそらく多くの人が戸籍や住民票などの法律上の性別から、「男」「女」が決まる、そのように捉えているのではないでしょうか。しかし「性別」と一言でいっても、それを分解して見てみると、法律上の性別だけでなく、いくつかの要素に分けて考えることができます。特に、セクシュアルマイノリティについて考える際には、次の四つの要素に分解して考えてみると、より理解しやすくなるでしょう。

一つは、生まれた時に割り当てられる「法律上の性別」。これは、出生時に身体、性器の形などから、お医者さん等に「女の子ですね」「男の子ですね」と言われ、それが役所に届け出されて、法律上女性か男性に割り当てられる性別のことをいいます。

次に「性自認」。これは自分の性別をどのように認識しているかを表す要素です。「自分のことを女性だと認識している」「男性だと思っている」「男女どちらでもない生き方をしたい」など、そのあり方はさまざまです。

また「性表現」という要素もあります。これは社会的にどのように振る舞うかというもので、例えば「俺」「僕」「私」といった一人称や、スカートやパンツスタイルといった服装について、どのような性別の表現を行っているか、というものです。

そして「性的指向」。これは、自分の恋愛や性愛の感情がどの性別に向くか、向かないかという要素です。同性に向く人もいれば、異性に向く人も、両方に向く人もどちらにも向かないという人もいます。ちなみに「嗜好《しこう》」や「志向」という言葉を想起される人もいますが、性的指向はあくまでも自分の恋愛や性愛の感情がどの性別に「向くか」ということを「指して」いるため「指向」という字を用います。

この四つの要素から捉えることによって、人間の「性の多様性」について考えてみたいと思

図1 「性の多様性」の4要素

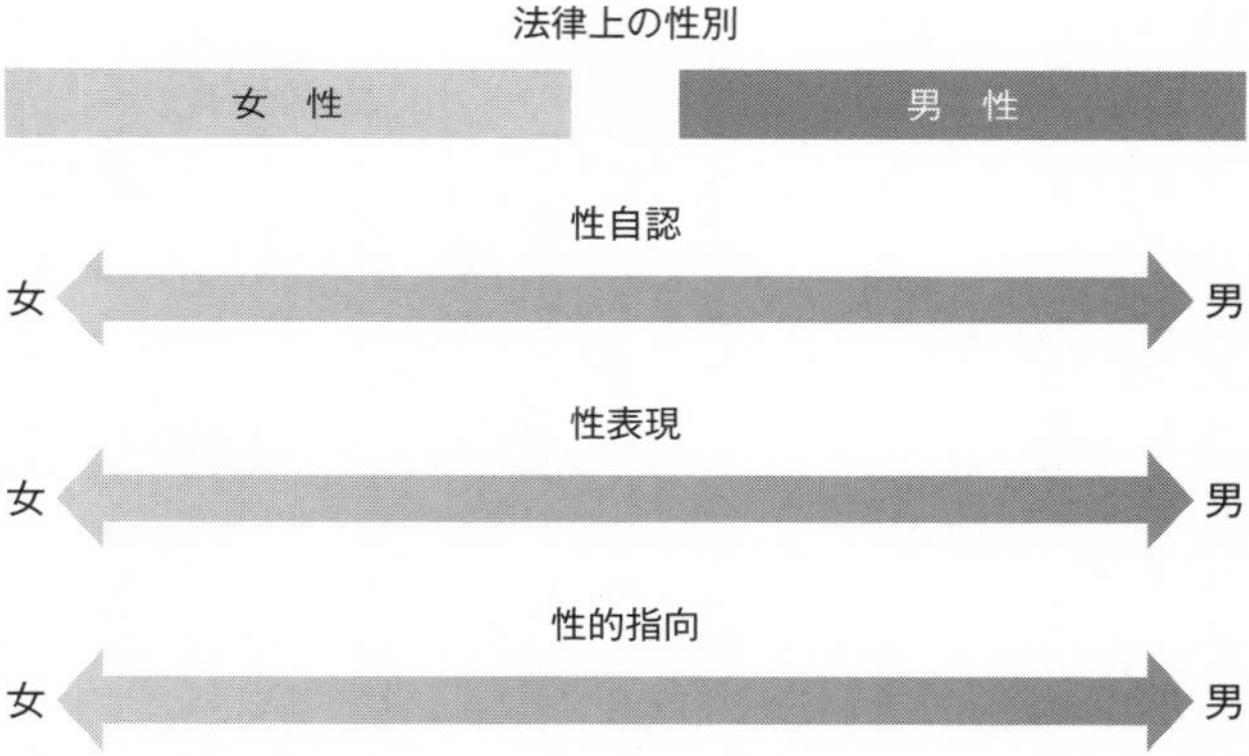

図2 松岡宗嗣（ゲイ）の場合

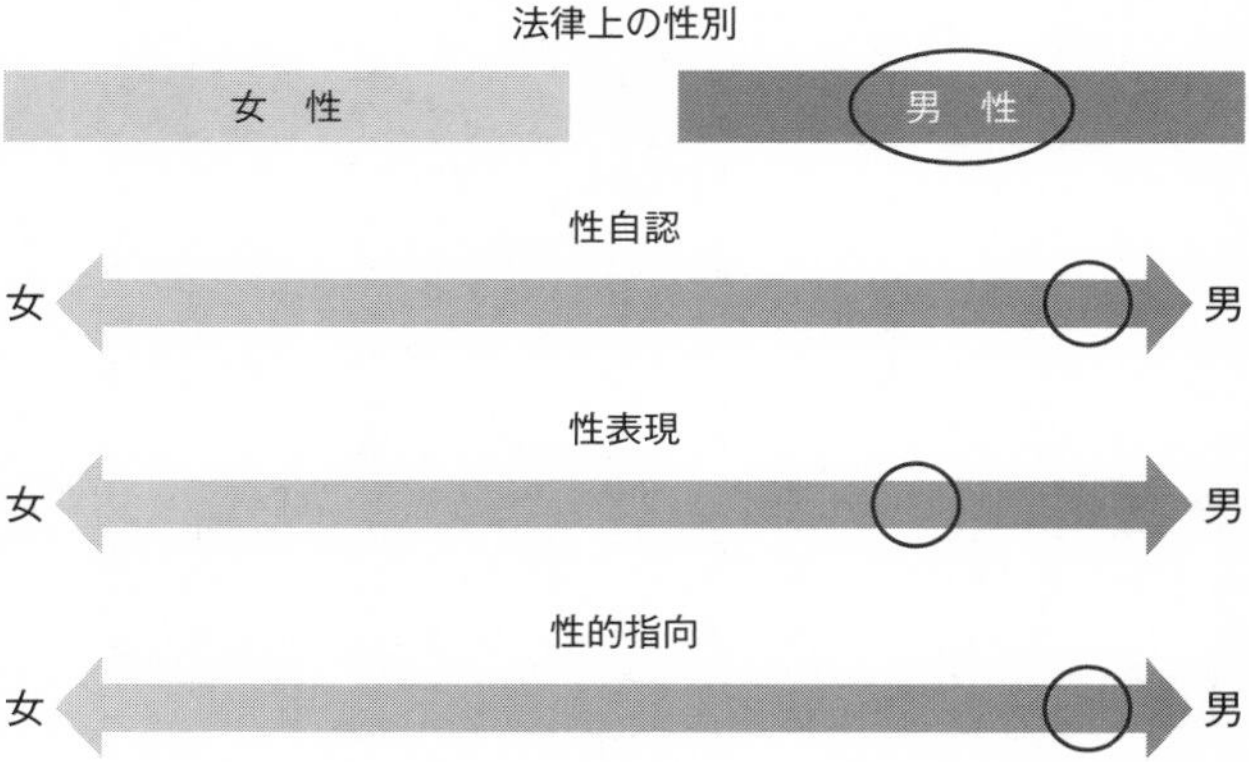

います。

図1をもとに、ゲイ（男性同性愛者）である私、松岡宗嗣の性のあり方を当てはめてみると、図2のようになります。法律上の性別は男性で、性自認も男性です。性表現についても男性で違和感はないのですが、かといって世の中から求められる「男らしさ」にフィットした表現かといわれるとそうでもないなと思っています。「性的指向」については、これも私の場合は同性である男性に向きます。

他にも、例えば生まれた時に割り当てられた法律上の性別は男性で、性自認は女性である「トランスジェンダー女性」の場合は、図3のような分布になります。生まれた時は男性として性別を割り当てられますが、トランスジェンダーであるため、性自認は女性に。性表現については、いわゆる「女性らしい」といわれる表現を行う人であれば、丸の位置は女性の側に置かれます。性的指向についてはこの人が異性愛者であれば、丸は男性の側にきます。

これらの図では、あえて女性と男性を両端に位置付け矢印をのばすことで、その間のグラデーションを表現してみました。つまり両端にいけばいくほど「女性らしい」「男性らしい」ということになるのですが、そもそも何をもって女性らしい、男性らしいとするのかはその人の考え方や社会の状況によって異なります。この図が、必ずしも性の多様性について正確に表せ

図3　トランスジェンダー女性の場合

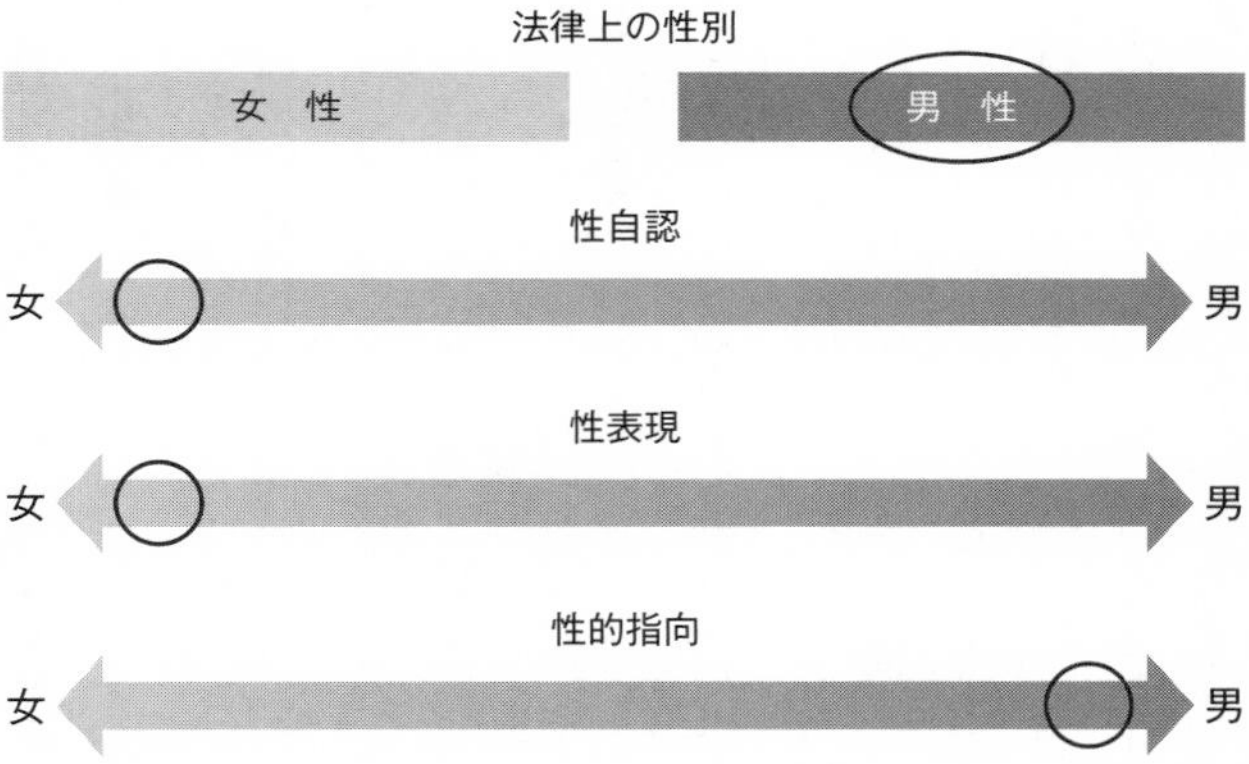

図4　あなたの場合は?

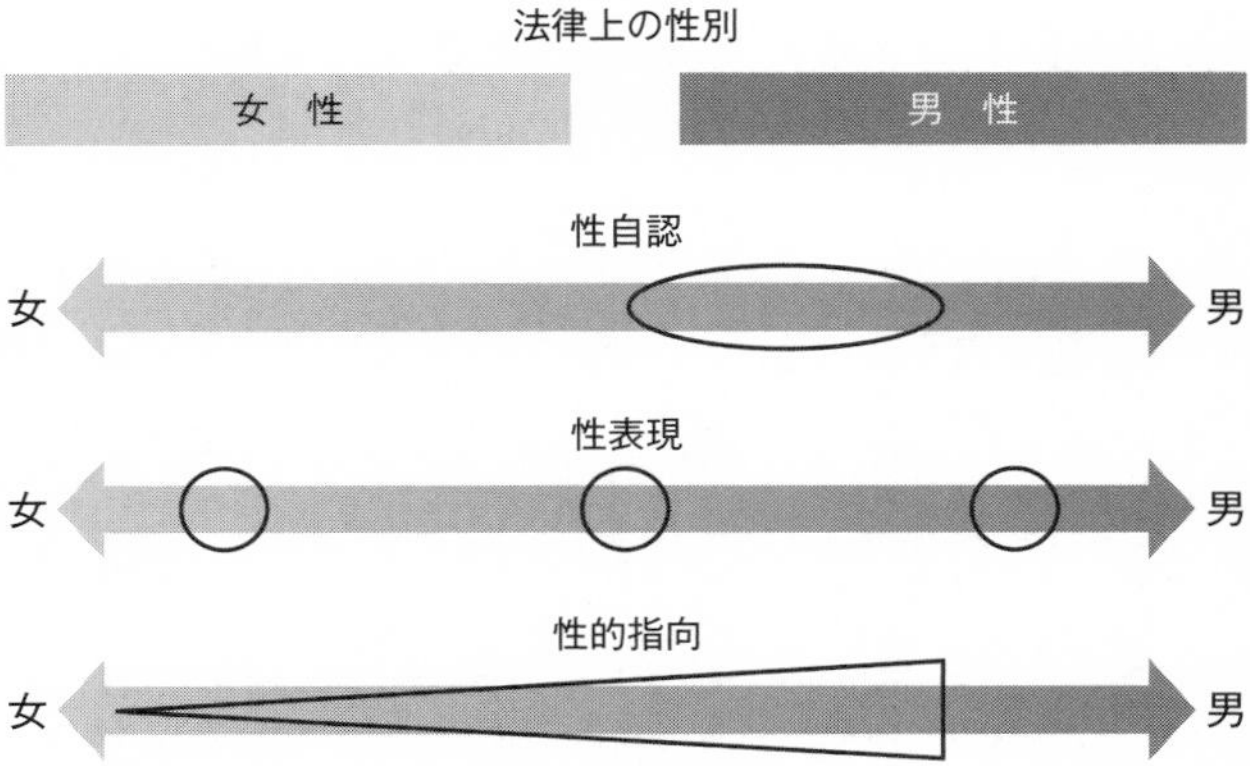

ているわけではないことにご留意ください。

ただ、本書を読んでいただいている方も、ぜひこの図に自分の性のあり方について当てはめて考えていただきたいと思います（図4）。もしかしたら丸の位置は必ずしも両端ではないかもしれないし、複数かもしれないし、丸ではない形かもしれませんね。そもそも〝ない〟ということも。性のあり方は非常に多様で、突き詰めると一人に一つずつくらいパターンがあるのではないかということを感じていただけるのではないでしょうか。

SOGIとは

これら四つの要素のうち、性的指向（Sexual Orientation）と性自認（Gender Identity）の頭文字を取って「ＳＯＧＩ（ソジ）」という言葉が使われることもあります。

本書で取り上げる「ＳＯＧＩハラスメント（略してＳＯＧＩハラ）」は「性的指向」や「性自認」、これらいずれか、もしくは両方に関するハラスメントを表します。前述したパワハラ防止法の指針では「性的指向・性自認に関する侮蔑的な言動」がこれに該当します。言い換えると、「同性を好きになることや、自分の性をどのように認識しているかという属性に関して、からかったり侮辱するような言動はハラスメントになる」ということです。

このSOGIという属性はセクシュアルマイノリティだけでなく、全ての人に関わるものです。どういうことかというと、例えば私は、自分のことを男性と認識し、男性として生活をしています。そのため性自認は「男性」になります。そして、私は男性同性愛者、つまり「ゲイ」なので、性的指向も同じ「男性」に向きます。

では、いわゆる〝多数派〟である異性愛者の男性はどうでしょうか。異性愛者の男性も性自認は「男性」で、そして好きになるのは女性なので、性的指向は「女性」に向きますよね。つまり、どんな性のあり方の人であっても、全ての人が何らかの「性自認」や「性的指向」に関わっているということになります。

「性的指向」による差別や偏見について考えてみましょう。例えば、小学校のあるクラスで、ホモネタを使ったいじめやからかいが発生しているとします。ここで被害を受けている人は、実は「ゲイ」や「トランスジェンダー」だけではなく、「セクシュアルマイノリティではない人」の場合もあります。本人がセクシュアルマイノリティであるかどうかにかかわらず、相手を貶《おとし》めるために、あえて「セクシュアルマイノリティであろう」と持ち出され、いじめやからかいの元とされてしまうことがあるのです。

ここからいえることは二つあります。一つ目は、本人の性的指向や性自認は目に見えにくく、他が勝手に判断できないということ。二つ目は、ＳＯＧＩは目に見えにくい属性だからこそ、憶測されたり、安易にレッテル貼り等に持ち出される、つまりセクシュアルマイノリティだけでなく、「全ての人」に関わる問題だということです。

では、ＬＧＢＴとＳＯＧＩ、この二つの言葉はどんな関係性なのでしょうか。整理してみたいと思います。前者はＬＧＢＴという「人」のことを表す言葉で、後者は性的指向・性自認という「属性」を表す言葉です。あえて同様の差別問題で例を挙げるとすると、「女性差別」と「性差別」の問題。「黒人差別」と「人種差別」の問題といった具合です。そのため「ＬＧＢＴと呼ばれる人たち」という言葉は適切ですが、「ＳＯＧＩの人たち」という言葉は適切ではありません。この場合は「ＳＯＧＩという属性から見てマイノリティの人たち」ということになりますね。

ここまで「ＬＧＢＴ」「性の多様性の四要素」「ＳＯＧＩ（性的指向・性自認）」、いろいろな概念を紹介してきました。人によっては少し頭の中が混乱してしまうかもしれません。

繰り返しになりますが、重要なことは「性別」と一言でいっても、それを分解して見てみるといくつかの要素に分けて考えることができるということ。さらに本来、性のあり方は非常に多様で、突き詰めると一人に一つずつくらいあるのではないかということを押さえていただけたら幸いです。

本書では、ＬＧＢＴという言葉の認知度の高まりに鑑みて、セクシュアルマイノリティ全般のことを示す際は、見出しでは「ＬＧＢＴ」を用い、文中では「セクシュアルマイノリティ」という言葉を使います。

さらに、ＳＯＧＩがセクシュアルマイノリティもそうでない人も全ての人に関わる属性であり、必ずしもセクシュアルマイノリティだけでなく、そうではない人もＳＯＧＩハラスメントの被害を受けることがあるため、ＳＯＧＩハラやＳＯＧＩによる差別を受けた人、あるいはＳＯＧＩに関して困りごとを抱えている人のことを本書では「当事者」と記載します。

なお、「ホモ」や「レズ」「おかま」「おなべ」「おとこおんな」といった言葉は、これまで多くの場面で蔑称として使われてきましたが、蔑称として使われている様子などを表すためにあえてそのまま使用している箇所があります。

その他、関連用語は一九八頁に「用語集」を掲載していますので、ぜひご活用ください。

これらを踏まえた上で本題に入っていきましょう。まず第一章から第三章は、ＳＯＧＩハラやアウティングにつながる背景となり得る、セクシュアルマイノリティについて「よくある勘違いをする人たち」をまとめました。「あるある」なものから、意外と知られていない勘違いまで、いくつかのパターンに分けて紹介していきます。それではまいりましょう。

第一章　「LGBT」へのよくある勘違い——ネガティブ編

パターン1　「LGBTではない＝普通」と言ってしまう人たち

異性愛者のことを、いわゆる「ストレート」と呼ぶことがあります。じゃあ他のセクシュアリティの人はカーブなのか、シンカーなのかとツッコミたくなってしまいますが、これに関連するもので、セクシュアルマイノリティではない人を「普通の人」と表現することもよく耳にします。

実はセクシュアルマイノリティを取り巻く問題だけでなく、女性の医者のことは「女医」と呼ぶけれど、男性のことは「男医」とは呼ばない、女性の弁護士のことは「女性弁護士」と報じられるけれど、男性の弁護士は「弁護士」とだけ書かれるように、マイノリティには「名前」が付けられる一方、マジョリティには名前が付かなかったり、名前が知られていなかったりすることが多々あります。

セクシュアルマイノリティではない人、つまりセクシュアルマジョリティの人たちにも、実は「普通の人」ではなく、名前がちゃんとあります。

まず、生まれた時に割り当てられた性別と、自認する性別が一致している人のことを「シスジェンダー」といいます。この反対が「トランスジェンダー」ですね。

同性愛者のことを「ホモセクシュアル」ということはご存じの方が多いかと思いますが、この反対で異性愛者のことは「ヘテロセクシュアル」といいます。

さらにいうと、「普通の人」という言葉の反対は「異常な人」や「特殊な人」といった言葉でしょうか。こうした「普通」か「普通ではない」かという対立構造によって、典型的とされる枠に当てはまらないセクシュアルマイノリティの人たちは、社会から「おかしい」「異常」といったレッテルを貼られてしまってきたのです。

シスジェンダー・ヘテロセクシュアルの人たちは、確かに「典型的」な性のあり方といえるかもしれません。だからといって、その枠に当てはまらない「非典型的」な性のあり方の人たちは異常なのでしょうか。

次のパターン2につながりますが、セクシュアルマイノリティに限らず、この「普通」という言葉を使う際は、誰から見た「普通」なのか、その枠に当てはまらない人たちを「普通ではない」といって〝劣位〟に置いていないか、注意しながら使いたいところです。

パターン2　「LGBTは自然に反する」と言う人たち

とある自治体の市民講座でＬＧＢＴに関する講演をした際、「(セクシュアルマイノリティは)

病気ではないのか」という質問を受けたことがあります。二〇一五年には、神奈川県海老名《えびな》市の鶴指眞澄《つるさしますみ》市議会議員（当時）がTwitterに、同性愛者は「生物の根底を変える異常動物」と投稿し、多くの批判を受ける事件が起きました。[*1]

こうしたセクシュアルマイノリティは「病気だ」というものや「自然の摂理に反する」という考えは、未《いま》だに見聞きすることがあります。

このような考えの背景には、本来多様であるはずの性のあり方について、生殖に結び付くか付かないかという観点から「普通」と「異常」に分け、一方を「病気／自然の摂理に反する」とし、スティグマ（負の烙印《らくいん》）を押してきた歴史が大きく影響しているでしょう。

実際に同性愛等が「精神疾患」として扱われてきた歴史があります。

その理由は、社会の制度や人々の認識がパターン1で述べたように、「シスジェンダー」「ヘテロセクシュアル（異性愛）」を「普通」だとし、それ以外は「普通ではない」、つまり「病気」とされてしまっていたからといえるでしょう。一九世紀末頃から同性愛は「病気」とされ、治療の対象となっていました。それに対して当事者たちが「病気ではない」と活発に社会運動を展開してきたことで、脱病理化の動きへと進み、一九九〇年には世界保健機関（ＷＨＯ）の国際疾病分類（ＩＣＤ）で、「同性愛」が精神疾患から削除されました。

一方で、「性同一性障害（Gender Identity Disorder）」が使われるようになったのは一九八〇年頃からといわれており、引き続き精神疾患として治療の対象とされてきました。

性同一性障害＝トランスジェンダーだと思っている人もいると思いますが、これは必ずしもイコールの関係ではありません。なぜなら、法律上の性別と性自認が異なる人の中には、ホルモン治療や性別適合手術などの医学的なアプローチによって身体を性自認に近づけたいと思う人もいれば、そうは思わない人もいるからです。手術等を望む人は、必要となる医学的な診断の名前が「性同一性障害」になります。日本では、二〇〇三年に「性同一性障害特例法」が成立。未成年の子どもがいないこと、手術をすることなど、五つの要件を満たせば、法律上の性別も変えることができます。一方この要件はハードルが高く、特に生殖能力をなくすための手術をすることが要件となっていることに対して、国際的にも批判の声が上がっています。

しかし、二〇一九年五月にWHOの総会で性同一性障害はICDの精神疾患のカテゴリーから削除され、「性の健康に関する状態」というカテゴリーに「性別不合（Gender Incongruence）」という項目が新設されました。[*2] これは、トランスジェンダーの中には、望む性自認に身体を近づけるため、医療的なアプローチが必要な人がいることへの留保だといわれています。

このように、シスジェンダー・ヘテロセクシュアルであることを「普通」、それ以外の形を

「異常」と位置付ける考え方から、同性愛等は長らく「病気」とされてきました。ですが、現在は、当事者の社会運動等を通じて「病気」ではないということが一般に広まりつつあるのです。

残念ながら今でも、まだまだセクシュアルマイノリティは「自然の摂理に反する」という声は根強く残っています。

こうした考えの背景には、おそらく「動物は子孫を残すことが本能としてあらかじめセットされており、同性愛は人間の一部にのみ現れるイレギュラーな嗜好や病気だ」という考えがあるのではないでしょうか。

しかし、ライオンやゾウ、キリンなど、さまざまな動物の同性愛行為は多数確認されており、近年はドイツのベルリンの動物園やオーストラリアのシドニーの水族館でオスのペンギン同士が卵を孵化《ふか》させ子育てをしている姿が報じられ注目を集めています。[*3]

ディズニー映画のモチーフとなり知られている魚のカクレクマノミは、その集団の中で一番大きな個体がメスに変わり、二番目に大きい個体と繁殖をします。残りの個体は繁殖には参加しないのです。[*4]

自然界では同性愛や性別移行は珍しいものではないように、もちろん人間の世界でも、同性愛者やトランスジェンダーは近年突然現れた存在ではありません。同性愛という概念が用いられるようになったのは一九世紀末なので、それ以前の人たちが今でいう「ゲイ」や「レズビアン」「トランスジェンダー」等の概念に当てはまるとは限りませんが、例えば世界では紀元前から、ギリシャの哲学者のソクラテスや詩人のサッフォーなどが同性愛者だったといわれています。

日本でも、稚児《ちご》や衆道《しゅどう》、陰間《かげま》など、古くから同性間の親密な関係性や性行為は確認されています。

ここで注意しておきたいのが「日本は昔から同性愛に対して寛容で、同性愛差別はなかった」という考えです。

確かに同性愛は日本でも古くから確認されていますが、それが異性愛と同じように扱われていたかというと一概にそうとはいえません。さらに、江戸時代あたりから、同性愛行為を問題視する流れができ、時には制度的に禁止されることもありました。[*5]

少し話が脱線しますが、先ほど述べたように同性愛等が「病気」と位置付けられてきたことによって、暴力的な「治療」も行われてきてしまいました。

例えば世界では、同性愛者らに対して電気ショックや、不快な感情やイメージを植え付ける嫌悪療法等によるコンバージョンセラピー（転向療法）と呼ばれる異性愛への矯正治療が行われ、実は現在でも行われている地域があります。

「異常」というスティグマは当事者の命を貶めることにもつながります。ナチスドイツのホロコーストではユダヤ人だけでなく、同性愛者なども強制収容所に送られました。その際に（主に男性の）同性愛者等は、「ピンクの逆三角形」のマークを付けられ、虐殺されました。日本ではここまでの虐殺は確認されていませんが、二〇〇〇年には東京都江東区の「夢の島公園」でゲイと思《おぼ》しき男性が複数の少年によって殴られ、亡くなってしまったいわゆる「新木場事件」が起きています。少年たちはこの公園に集まる同性愛者をターゲットとして「ホモ狩り」を繰り返していたことも確認されており、いかにこうした考え方が命を貶めることにもつながるかを痛感します。*6

話を戻しましょう。二〇一八年七月、自民党の杉田水脈《みお》議員が雑誌「新潮45」（八月号）で「LGBTは生産性がない」という内容の文章を寄稿。インターネット上を中心に論争が起き、「新潮45」が休刊になるという事件が起きました。この内容はまさしく、生殖に結び付かないという理由から、本来多様であるはずの性のあり方について「普通」と「異常」に分け、一方にスティグマを押してきた歴史を繰り返す言説といえるでしょう。

二〇〇一年、オランダで世界で初めて同性婚が導入されて以来（その前に、デンマークで一九八九年に世界で初めて同性カップルにも適用される登録パートナーシップ法が認められています）、欧米を中心に同性婚を法制化する国は増え続けています。二〇一九年五月には、アジアで初めて台湾でも同性婚が認められました。子育てをするセクシュアルマイノリティを「レインボーファミリー」と表現することがありますが、世界には大勢のレインボーファミリーが同じ社会を生きています。もちろん日本にもレインボーファミリーは存在しますが、その存在が〝当たり前〟なものとして社会に受け入れられている状況とはいえないでしょう。

いかにこうした「セクシュアルマイノリティは病気だ／自然の摂理に反する」という考え方が根強く、一方でその根拠は薄く事実に即していないかがおわかりいただけたでしょうか。まだまだセクシュアルマイノリティは、こうした考え方によりスティグマを押される状態が続いているのです。

パターン3　L・G・B・Tを混同する人たち

日本でＬＧＢＴという言葉が一般によく知られるようになったのは、二〇一〇年代からでしょう。二〇一五年は、東京都渋谷区と世田谷区で自治体が同性カップルの関係を承認する「同性パートナーシップ制度」の導入が発表された年です。これをきっかけにLGBTという言葉が広く報道され、知られていくようになりました。

しかし、LGBTという言葉は知られても、その言葉を説明できる、実態がわかっているという人は多いとはいえません。教育機関や企業での講演の際に「LGBTと言われてどういうイメージが浮かびますか」と聞いてみると、テレビに出てくるオネエタレントの方を想像するという意見が少なくありませんでした。

性の多様性について触れたことがない、セクシュアルマイノリティであることを公表している知人や友人がいないという人であれば、メディアで活躍されている方だけを想像してしまうというのは仕方がないのかもしれません（もちろんオネエタレントの方々の活躍によって、性の多様性をよりポジティブに受け止められるようになった人たちはたくさんいるでしょう）。問題は、「オネエ」タレント〝のみ〟がセクシュアルマイノリティであるというイメージであり、その裏には、そもそも幼い頃から学校や家庭、メディア等から「男性は女性と結婚することが当たり前」「法律上女性なのだから性自認も女性だろう」といった性に関するある一側面からの情報しか得られず、実はもっと多様である「性のあり方」について知ることができない社会の構造にあるといえるでしょう。

また、「LGBT＝オネエタレント」というイメージだけでなく、世代によるかもしれませんが「LGBT＝性同一性障害」と認識していたという声も聞くことがあります。

トランスジェンダーの中でも、性自認に合わせてホルモン治療や性別適合手術などを望む人もいれば、そうではない人もいます。医学的なアプローチが必要な場合に医学的な診断名として付けられるのが性同一性障害です。

日本では二〇〇三年に「性同一性障害特例法」が成立し、（パターン2でも述べましたが）いくつかの要件を満たせば法律上の性別を変更することが可能となりました。この性同一性障害特例法ができる前から、例えば二〇〇一年に放送されたテレビドラマ「3年B組金八先生」で、上戸彩《あや》さんが性同一性障害の生徒を演じ話題となりました。こうしたドラマなどを通じて性同一性障害という言葉や存在が知られていったことも、新たにLGBTという言葉が知られつつある昨今、「LGBT＝性同一性障害」と勘違いしてしまう人が出てくる背景の一つでしょう。

序章でも述べた通り、LGBTはレズビアン、ゲイ、バイセクシュアル、トランスジェンダーのそれぞれの頭文字から取った言葉で、セクシュアルマイノリティ全体を表す言葉の一つとしても使われることがあります。セクシュアルマイノリティ全体の話なのか、当事者個人を指すのかという文脈によって適している場合とそうでない場合があります。

まず、性的指向と性自認の違いについて整理しましょう。

二〇一八年一月、岩波書店『広辞苑　第七版』に新たに追加されたＬＧＢＴの説明が誤りだったことがメディアで報じられました。その説明には「多数派とは異なる性的指向をもつ人々」と書かれており、これでは性的指向がマイノリティであるレズビアンやゲイ、バイセクシュアルのみを指しており、性自認のマイノリティであるトランスジェンダーについては説明できていないことになってしまいます。岩波書店は指摘を受けて「広く、性的指向が異性愛でない人々や、性自認が誕生時に付与された性別と異なる人々」という解説文に修正しました。

性的指向は恋愛や性的な関心がどの性別に向くか向かないかの要素、そして性自認は自分の性別をどのように認識しているかの要素です。この違いを理解することが必要でしょう。

また「セクシュアルマイノリティ全体の話なのか、個人の話なのか」を整理することも重要です。以前、新聞の見出しに載っている「ＬＧＢＴ男性」という言葉に驚いたことがありました。おそらくこの見出しを付けた新聞社の記者やデスクは「セクシュアルマイノリティである男性」ということを書きたかったのだと思いますが、「ＬＧＢＴ男性」と書いてしまうと、あたかも「レズビアンでゲイでバイセクシュアルでトランスジェンダーの男性」と捉えることができてしまい、意味として成立しないものになってしまいます。

もちろん、ＬＧＢＴはセクシュアルマイノリティ全体を表す言葉としても使われることはありますが、ある特定の人を指す場合には、ＬＧＢＴという言葉は適していないでしょう。本来であれば「ゲイの男性」で事足りたのかもしれませんが、もしかしたらゲイという言葉が性的なイメージを想起させるため使いづらかったという思惑があるのかもしれません（ゲイが性的だというイメージもまた偏見なのですが……）。

「ＬＧＢＴという言葉は聞いたことがある」という人が多くなってきている現在だからこそ、そこからさらに一歩進み、それぞれのセクシュアリティの違いやその実態についてより多くの人に知ってもらいたいと思います。

ちなみにこのあたり、著者の一人である神谷も、弟にカミングアウトしてから二年間ほど、カミングアウトしたつもりだったアイデンティティがゲイではなく、「トランスジェンダー女性」であると勘違いされていました。ある時「お前、姉貴だろ？」と言われて神谷自身がとても驚いた、というエピソードがあります。正確な知識がないと、身近な人も勘違いしてしまう、ということを表しているように思います。

パターン4　カミングアウトされたら「襲われる」と思う人たち

地元の成人式に参加した際、私（松岡）がゲイであることを伝えた相手から最初に言われた言葉は「俺のこと襲うなよ」でした。

なぜか相手がセクシュアルマイノリティ（特にゲイやレズビアン、バイセクシュアル）であることがわかると「自分も恋愛や性愛の対象だ」、そして「襲われるかもしれない」と思ってしまう人が一定数存在します。これはセクシュアルマイノリティが「普通ではない」「（いつでも変えることのできる）嗜好だ」というようなイメージから、過度に「性的な存在」と位置付けられてきたことが大きく影響しているのでしょう。

「自分も恋愛や性愛の対象だ」と思ってしまうことについては、確かに、カミングアウトを受ける側からすると、それまでお互いに恋愛対象にはなり得ないと思っていた友人が、実は同性が（も）恋愛対象だと知り、「もしかしたら自分も対象になり得るのか？」と驚く人はいるでしょう。しかし、当然のことですが、同性が恋愛対象の人にも好きなタイプはありますし、カミングアウトする理由も人それぞれです。もしかしたら、ただあなたのことを大切な友人だと思っているからこそ、自分自身についてもっと知っておいてほしいと思ったのかもしれませんし、人間関係など、何か困りごとがあって相談したかったのかもしれません。

では、「襲われる」というイメージについてはどうでしょうか。

例えばレズビアンやバイセクシュアルに対して過度に性的なイメージを抱く人が一定数いますが、まだまだ多くの人にとって同性愛や両性愛は、性的「嗜好」だと思われているようです。そのため、カミングアウトされたら、自分にも性的な目を向けられているように感じてしまうのではないでしょうか。

異性愛者の中には恋愛や性愛に対する関心が高い人もいれば、低い人もいるように、もちろんゲイやレズビアン、バイセクシュアルなどの人の中にも、恋愛や性的な関心が高い人もいれば、低い人もいます。人それぞれですね。

このようにセクシュアリティというのは、これまでよくベッドにおける「嗜好」の話として捉えられてきました。ただ、もしそうだと仮定した場合でも、異性愛者の人同士では職場で「セックスではどんなプレイをするの」という声かけがハラスメントになるということは認識されているのに、なぜセクシュアルマイノリティに対しては同様の発言をしても良いと思うのでしょうか。

実は男女雇用機会均等法に基づく「職場における性的な言動に起因する問題に関して雇用管

理上講ずべき措置についての指針（以下『セクハラ防止指針』という）」では、二〇一三年にセクハラの対象に「同性間セクハラ」が、二〇一六年には「性的指向や性自認」が明記されました。つまり、実はSOGIがどのような人であっても、セクハラは企業等が防止しなければいけない対象になっているのです。

同様に、トランスジェンダーに対して、初対面で突然「身体はどうなっているの？」「どうやってセックスするの？」という質問をされたという当事者の声も聞きます。

自分がどんな人とパートナー関係を築いていくか、どんな性で生きていくかは、自分のアイデンティティに密接する重要な要素の一つです。だからこそ、例えば、同性のパートナーと家を借りたくても、不動産屋で断られてしまったり、結婚ができないことでパートナーが亡くなった時に財産を相続できなかったり、亡くなった後の葬儀に立ち会えないといった困難が立ちはだかります。トランスジェンダーの場合も、七五三で着せられた晴れ着や、中学校の制服に対してどうしても強い違和感を持ち、学校に行けなくなってしまう人や、就活で自認する性別のリクルートスーツで面接にのぞんだところ、トランスジェンダーであることを理由に面接を途中で打ち切られるなど、さまざまなライフステージで困難が生じるのです。

身体や他者との恋愛・性愛関係は、その人のプライバシーに関する事柄です。シスジェンダーかトランスジェンダーか、異性愛か同性愛かに限らず（またはそもそも恋愛や性愛の感情を抱くか抱かないかも含め）自分の物差しだけで測らず、相手が不快に思わないかを想像しコミュニケーションを取る必要があるでしょう。

パターン5　カミングアウトされたらネタにしてしまう人たち

「カミングアウト――自らの性のあり方を自覚し、それを誰かに開示すること」は、セクシュアルマイノリティの課題を考えるにあたって極めて重要な問題です。この行為の意味を知ることなしに、この課題は語れないといっても過言ではないでしょう。

このカミングアウトは、セクシュアルマイノリティにとって、後述するような理由から、時に一世一代の覚悟のいる行為なのですが、カミングアウトされた側の非当事者はそう受け止めないこともあります。「なぜそんなに改まって話すの？」「そもそも、自分の性癖を共有することは必要？」などと思われてしまうこともあるようです。場合によっては、カミングアウトされたことを、第三者に「ネタ」として「俺、実はホモ／レズ／おとこおんなだって打ち明けられちゃったよー。マジでキモい」などと言われてしまうことすらあるようです。

カミングアウトはなぜセクシュアルマイノリティにとっては一世一代の覚悟がいるのか、にもかかわらずなぜ非当事者にとって時に「ネタ」となってしまうのか、この謎について掘り下げていきたいと思います。

まずはセクシュアルマイノリティにとって職場でカミングアウトをするとはどのような意味があるのかを、日常的な観点から考えてみたいと思います。

セクシュアルマイノリティにとってのカミングアウトをすることの良い面は、一言でいえば、当事者が非当事者と嘘《うそ》のない関係を築けるということです。カミングアウトしていない／できない人との間では、いわゆるアフターファイブや週末などのプライベートな時間の出来事を話すことが難しくなります。このプライベートな話、案外職場では飛び交うもので、「一人暮らしなのか」「誰と暮らしているのか」「家事はどのようにやっているのか」などといった、日常の些細《ささい》な会話一つひとつに登場します。この時、実際は同性のパートナーと暮らし、家事を分担しているとしても、異性のパートナーであるかのように話を変えたり、友達と住んでいることにしたり、もしくは一人暮らしだと話を繕う、このようなことがしばしば起こります。外出した際の話をするにしても、例えば服屋は男女で店や売り場が分かれているし、外食をするのだって「女性が好むであろう店」と「男性が好むであろう店」はイメージが異なるなど、単に登場人物の性別を変えて話すだけではすみません。出来事一つを語るのにも、そのあたりを踏まえた細心の注意の下、会話をする必要があります。

なぜこのようなことが必要になるかといえば、同性パートナーと過ごしていること、すなわち性的指向が同性に向くことが明らかになれば、差別や偏見、ハラスメントを受ける可能性が生じるからです。これを避けるためには、異性愛者を装うべく、嘘を吐《つ》かざるを得ないのです。

なお、これらはゲイやレズビアン等の場合ですが、トランスジェンダーの場合は、パートナーの性別以前に、自分の性別も変えて話さなくてはならない場合があります。職場では法律上の性別で過ごしているが、プライベートでは性自認に基づいて生活している、そのような人も珍しくないからです。すると、パートナーと過ごしている場面や、好きな芸能人に関する話題だけではなく、一人で行動している際の話題についても、話す際には細心の注意を要します。パートナーが話題に出てくれば、自分とパートナー両方の性別を変えて話さなくてはならないなど、さらに複雑な会話が求められることとなります。

このようにセクシュアルマイノリティは、職場における場面や状況、話題によって、日常的に嘘のエピソードを話さざるを得ない状況に置かれています。しかし、嘘は重ねていくごとに辻褄《つじつま》が合わなくなります。また、重ねた嘘はその人のイメージの輪郭を歪《ゆが》ませ、端《はた》から見て、その人が一体どんな人なのかをわからなくしがちです。自身もだんだん対応が億劫《おっくう》になってきて、ついつい人を遠ざけてしまうこともあります。そのため、付き合いが悪い人、よくわからない人、というイメージが付き、人間関係の悪化やハラスメントを招くことも少なくありません。

当事者にとって、このような煩わしいことがない、ありのままの自分の、ありのままの日常を躊躇《ちゅうちょ》なく話せる関係というのは、些細なようでいて、極めて得がたいものです。だからこそ、カミングアウトできる関係、カミングアウトをすることによって躊躇なく話せる関係が構築できるというのは、カミングアウトの良い面であるといえるでしょう。厚生労働省の委託事業による調査では、いまの職場で「自身が性的マイノリティであることを伝えた理由やきっかけ：複数回答」に対し最も多い回答は、「自分らしく働きたかったから（セクシュアリティを偽りたくなかったから）」（LGBで四五・二%、Tで六二・五%）、「職場の人と接しやすくなると思ったから」も高い割合（LGBで二八・六%、Tで四三・八%）となっていることも、このことを裏付けています。[*7] 非当事者にとっても、セクシュアルマイノリティがどのような人なのかがわかりやすくなりますし、カミングアウトの分、嘘のより少ない関係が築けるという意味で、良い面となるはずです。また、カミングアウトのできる関係性であれば、性の多様性を想定していない各種休暇制度や福利厚生、男女別の取り扱い等による困りごとを相談することもできるため（詳しくは第四章、第五章参照のこと）、より働きやすい、過ごしやすい環境構築に向けて、協力関係を築くこともできますね。

他方で、セクシュアルマイノリティがカミングアウトをするにあたって懸念するのは、失敗してしまった場合のリスクになります。失敗とはすなわち、相手に気持ち悪いと思われ人間関係が壊れてしまう、それどころか、言いふらされて職場中に知れ渡ってしまったらどうしよう、知れ渡ったことでハラスメントを受けたり、この職場にいられなくなったらどうしよう、などといったことであり、実際はそのようなことが起こらないかもしれませんが、セクシュアルマイノリティにとっては常にリスク、懸念材料として頭によぎるのです。実際に、ＬＧＢＴ法連合会の困難リストや、さまざまなインターネット調査では、セクシュアルマイノリティであることによって、職場における異動や退職勧奨などを受ける被害事例が報告されています。前述の厚生労働省の委託事業の調査でも、「いまの職場で性的マイノリティであることを伝えていない理由：複数回答」では、「職場の人と接しづらくなると思ったから」がゲイの回答の一位とレズビアンの二位（それぞれ三三・一％、二四・五％）、他に「性的マイノリティについて差別的な言動をする人がいる、またはいるかもしれないから」や「人事評価や配置転換、異動等で、不利な扱いを受ける可能性があるから」も挙がっています。*8

このように、実際にひどい目に遭う事例や懸念が報告されているわけですから、カミングアウトすることによるリスクを「考えすぎ」、とは片付けられません。カミングアウトを引き金に仕事を失う、ひいては生活が破壊されてしまうかもしれない、このようなリスクがカミングアウトには伴うのです。

こうした良い面とリスクの狭間《はざま》で悩む当事者は少なくありません。ジェンダー・セクシュアリティ研究者であるイヴ・コゾフスキー・セジウィックが言っているように、新たに人と出会えば、その新たな人との関係性において、その都度カミングアウトするか否かに悩むこともあります。[*9] 言い換えれば、新たに出会った人の数だけ、その一人ひとりとの関係性をどのようにするかが、常に問われてしまうのです。もちろん誰にでもカミングアウトしているというオープンリーな人であれば、このような悩みを抱えることもなくなるわけですが、さまざまなデータが示す現在の日本社会の状況から考えて、多くの人にとって、オープンリーになることが難しい状況です（もちろん、必ずしも皆がオープンリーにならなければいけないわけでもありません）。

実際に私（神谷）も、ある時、某有名コンビニエンスストアで働いている友人と、某有名チェーンの喫茶店に勤めている友人の三人で花見をした際に、ひとしきり職場の誰にカミングアウトできるのか、できないのかで、盛り上がったことがあります。「アルバイトの○○さんは

『男だからどうしろ』とか言わないし、口もかたそうだからカミングアウトできるかな」「社員の○○さんは、『すぐに結婚して所帯を持って』とか言うから、偏見が強そう」等々、あれやこれやと大議論となりました。

もし、非当事者がカミングアウトされた場合は、当事者がこのようなセクシュアルマイノリティの葛藤を乗り越えてでも伝えたいと思われたのですから、とても信頼されているということになります。このような背景も踏まえて、ぜひその意思を大事にしていただきたいと思います。

パターン6　「うちの職場にはLGBTはいない」と思い込む人たち

最近、インターネットのモニター調査などで、ＬＧＢＴ等のセクシュアルマイノリティが回答者の八％だった、一〇％だったなどの結果が出て、報道を賑《にぎ》わすことがあります。一方、大阪市で実施された（無作為抽出の）調査では、「性的マイノリティ」が三・三％との結果が出ています[*10]（「決めたくない・決めていない」の回答と合わせると八・二％）。

調査対象や調査方法等によって結果はまちまちですが、いずれにせよ、社会には一定の割合で「セクシュアルマイノリティ」と呼ばれる人が存在していることは事実です。

にもかかわらずよく聞かれるのが、「うちの職場にはLGBTはいないから」という言葉です。「うちにはLGBTと呼ばれる人はいないので」を枕詞《まくらことば》に、「LGBTについて考える必要はない」「LGBT施策は関係ない」、ひと昔前には、「日本にLGBTという人たちはいない。あれは外国の話だから関係ない」などと言われることもありました。

しかし前述の通り、どんなに少なく見積もったとしても、一〇〇人単位の学校や職場には、セクシュアルマイノリティが一定程度いるということが考えられます。

では、なぜ「LGBTが身近にいるという実感がなかなか湧かない」のでしょうか。なぜそのように思うのか、そう感じるのか、掘り下げて考えてみましょう。

理由は大きく二つ挙げられます。

一つは、パターン5で解説した通り、セクシュアルマイノリティの多くがカミングアウトしていない／できない状況にあるからです。この状況はデータにおいても裏付けられています。厚生労働省の委託事業の調査によれば、「いまの職場の誰か一人にでも、自身が性的マイノリティであることを伝えているか」という設問に対して、伝えているという人は「レズビアン・ゲイ・バイセクシュアル」で七・三%に過ぎません。「トランスジェンダー」でも一五・八%となっています*11（トランスジェンダーは、男女別取り扱いや施設利用に関する課題から、カミングアウトをして差別や偏見を受けるとしても、カミングアウトせざるを得ない状況も考えられます。ただそれでも、八割以上がカミングアウトしていません）。

以上のようなデータの傾向などを踏まえると、仮に五％がセクシュアルマイノリティであったとしても、そのうち周囲に当事者であると明かしている人が一割だとすれば、単純計算で〇・五％程度、二〇〇人に一人ということになります。

とはいえそれでも多くないか？　と思われる方もいらっしゃるかもしれません。確かに、体感としてそのようなこともあり得るかもしれません。ただ、当事者は誰にでもカミングアウトするわけではありません（パターン5参照のこと）ので、結果として、カミングアウトをされやすい人とされにくい人がいます。される人は何人にもされているが、されない人は全くされない。そのため、人によっては、体感で一〇〇〇人に一人くらいしかセクシュアルマイノリティがいない、と感じられてもおかしくはありません。

当事者が周囲にいると感じづらいもう一つの理由は、非当事者側の認識にもあると考えられます。今でこそ「ゲイ＝オネエタレント」という認識は昔に比べてやや薄くなってきていますが、まだまだセクシュアルマイノリティというと、奇抜なファッションをしている、特殊な言葉遣いをする、「普通」の職場にはいない、と考えている人が一定数いるようです。日本労働組合総連合会の調査では、回答者の二〇%がLGBTのイメージについて「テレビに出たりする等、芸術やファッション、芸能等の分野で秀でている人びと」、一六・五%が「一部の職業に偏っていて、普通の職場にはいない人びと」と答えています。[*12]

しかし、このようなイメージは、あくまでひと昔前から頻繁にメディアに取り上げられているセクシュアルマイノリティのイメージであって、セクシュアルマイノリティの一握りの人々のイメージに過ぎません（そのような人々が存在を可視化してきた側面もありますし、イメージを固定化させてきたという批判もあります）。実際は、見た目からセクシュアルマイノリティだとわからない場合の方が多いといって良いでしょう。私（神谷）も、当事者団体である「LGBT法連合会」の事務局長として、LGBTに関する研修に伺った先で、「なんであなたはこの分野に興味を持ったの？　ソッチ系（手の甲を反対の頬に当てながら）じゃないのに」と言われ、どこから突っ込もうかと内心頭を抱えたことがありました。これは、非当事者側のイメージする「セクシュアルマイノリティ」像に、私が当てはまらなかったために起こったということなのでしょう（そもそもの前提から差別的であったということはありますが）。

以上、二つの理由から、当事者が周囲にいるとは感じづらい状況が、職場環境と人々の認識の両面から起こっています。しかし同時に、見えにくいけれども、当事者は職場で働いているわけであり、「うちの職場にLGBTはいない」と考えるのは早計です。むしろ、「うちの職場にLGBTは見えていない（けれどいると考えられるし、見えるようにならないのには理由があるのだ）」といった認識での言動を心がけるべきでしょう。

パターン7　本人にカミングアウトを強要してしまう人たち

最近の訴訟事例などで聞かれるのが、本人から職場環境の改善に関する申し出があったので、本人にカミングアウトをさせ、全員に説明してもらうようにした、というケースです。[*13] 他にも、「みんなにカミングアウトすべきだよ！」と、カミングアウトを上司から強く勧められるケースもあるようです。

しかし、セクシュアルマイノリティにとって、カミングアウトをするというのは、パターン5でも解説してきたように、一世一代の大きな出来事となることがあります。それが一人ひとりに対するものではなく、訴訟事例であったような職場全員に対するものとなると、当事者への負担の大きさは想像を絶するほどと言っても過言ではないでしょう。私（神谷）も、考えるだけで目眩《めまい》がしてしまいそうです。

実際に、カミングアウトを全員の前で強要されたある方は、事前に何を話すべきかを考えに考え、その生い立ちから、自分の存在、なぜ会社に申し出るに至ったのかについてまでの壮大かつ長大な話をされたそうです。当事者にとってみても、どこからどこまで話していいものやら、それはもう、大変な様が窺《うかが》えます。こうした心労ゆえか、全員の前でカミングアウトをしたのちに、精神的にまいってしまい、鬱を発症したとも聞きます。

ただ確かに、会社にとってみれば、突然のカミングアウトでどのように対応して良いのかがわからない、「性の多様性？」「ＬＧＢＴ？」「何をどこから対応すればいいの？　まずは本人から説明してもらったらいいのではないか」ということだったのかもしれません。

とはいえ、当事者にとってみても、何をどこから説明して良いのか考えあぐねてしまう状況に陥るのは同じことです。むしろ、性のあり方は自分の存在と深く結び付いており、「自分」そのものを説明しなければならないのではないか、とすら考えてしまうわけです。

最近は本書はもちろん、他にもさまざまな資料をインターネット上で入手することができます。もちろん、インターネットの情報は玉石混淆《こんこう》で、残念ながら嘘の情報も見られますが、役所などからの正確な情報発信も進んでいます*14。

加えて、二〇二〇年六月からパワーハラスメント防止対策として、会社が、性的指向や性自認に関するハラスメントに適切に対応する措置を講ずることが義務となりました。その際、性的指向や性自認を機微な個人情報として、プライバシー保護を講ずることも含まれています。つまり、カミングアウトを受けた際に、適切に対応することは、もはや会社としての法的な義務の範囲ともいえるのです。

とはいえ、職場環境への何がしかの対応を求められたからといって、カミングアウトを強要したり、安易に勧めることは訴訟リスクにつながるといって良いでしょう。カミングアウトはあくまでその当事者のタイミングで行われるべきものです。

他方で、カミングアウトをさせない、止めてしまうという対応も最近では耳にします。しかしこれも、カミングアウトの強要と同じように、問題のある対応といえます。古くは米軍においても、このカミングアウトを禁止するなどの対応が、"Don't ask. Don't tell"と呼ばれ、問題視されていた時代もありました。実際日本において、自治体の中では既にカミングアウトを権利として保障し、カミングアウトを強要することはもちろん、カミングアウトをさせないことも、条例で禁止している自治体があります（自治体条例については第五章参照）。ここまで読み進められた読者のみなさんは条例で禁止だなんて何をそんな大げさな、とは思われないのではないでしょうか。制度で権利としてわざわざ位置付けられるほどに、重要な問題であるカミングアウト。その意味合いを適切に把握し、丁寧にこの問題に向き合ってもらえればと思います。

パターン8　LGBTの友達は、LGBTだと勝手に思う人たち

これまでのパターンで、セクシュアルマイノリティにとってカミングアウトが極めて重要であるという話をしましたが、今度はカミングアウトをしたセクシュアルマイノリティの周囲の人について、考えていきたいと思います。

最近、カミングアウトできる環境が整ってきたこともあってか、職場などでカミングアウトをしている人も増えてきました。すると今度は「ゲイであることをカミングアウトしている人といつも一緒にいるので、あの人もゲイなのではないか」と職場で噂されている、という話を耳にするようになりました。他にも、「私はＬＧＢＴに関する取材をしているので、職場でレズビアンだと思われている」というような記者のお話も耳にします。

どうやら「セクシュアルマイノリティの周りにいる人はセクシュアルマイノリティ」だと思われる、ということのようです。そのように思う方にはよくよく考えてもらいたいのですが、多くの人は、「ＬＧＢＴ」と呼ばれる人々と、既に友人、知人であり、もしくは過去に友人、知人であった可能性がとても高いはずです。なぜならば、セクシュアルマイノリティは三～一〇%との各種調査データが日本でも発表されており、友人や知人が一〇〇人もいれば、少なく

とも数人は該当していることが考えられるからです。では、なぜそのように感じないのか、といえば、それはこれまでのパターンで説明した、当事者がカミングアウトできない状況というものが背景にあるわけです（このあたり、よくわからない方はパターン5やパターン6をご覧ください）。

つまり、多くの人は、既にセクシュアルマイノリティと呼ばれる人々と、友人、知人であるはずなのです。そのため、仮に「セクシュアルマイノリティの周りにいる人はセクシュアルマイノリティ」という前提に立つとすれば、ほとんどの人がセクシュアルマイノリティ、ということになります（もはや「マイノリティ」ではなく「マジョリティ」です）。

このように言うと、「とはいっても、わざわざオープンにしている人と仲良くしているのは当事者に違いない」と、反論が出てくるかもしれません。しかし、それこそまさに偏見ではないでしょうか。当事者であることをオープンにしている人と一緒に仲良くできるということは、性的指向・性自認に関わりなくフラットに人間関係を構築できる、ということであり、むしろ好ましいことだと考えることはできないでしょうか。

二〇二〇年六月以降、性的指向・性自認に関する侮辱的な言動は、パワーハラスメントであるとして、職場では防止が義務付けられることになりました。偏見は、言動に現れ、パワーハラスメントとなってしまうことも考えられます。ＬＧＢＴの友達はＬＧＢＴ、という安易な認識は、この観点からもやや危ういということができるでしょう。

なお、序章で挙げている通り、性的指向や性自認は、異性愛者やシスジェンダーと呼ばれる多数派も含め、全ての人が関わる属性であり、自分の意志では変えられないものです。

例えば、異性愛者の人に「明日から同性愛者になってください」と言ってもそれは不可能ですし、生まれた時の性別と性自認が一致する人に「明日からトランスジェンダーになってください」と言っても、それは不可能なことと思います。そのため、影響されてＬＧＢＴをはじめとするセクシュアルマイノリティになる、ということも、あまり考えられるものではないと、付け加えたいと思います（もし、そのようなケースがあったとしても、ほとんどが自分がセクシュアルマイノリティに〝なった〟というより、セクシュアルマイノリティであることに〝気が付いた〟という認識になるのではないでしょうか）。

パターン9　「LGBTのように見える」と勝手に決めつける人たち

「あの人ってソッチ系の人じゃない？」。もしあなたが職場の同僚からこんな噂話を持ちかけられたら、どのように答えますか？

本書を読んでいただいている人の中にもきっと、職場や地域で「あの人はセクシュアルマイノリティなのかもしれない」と思った経験がある人は少なくないのではないでしょうか。こうした時こそ、気を付けたいポイントが大きく二つあります。

一つは、「性的指向と性自認は目に見えにくいものであり、かつ別の要素である」ということ。もう一つは「勝手に他者が判断できるものではない」ということです。

性的指向・性自認は、ひと目ではわかりづらいものです。そのため、この課題は「(セクシュアルマイノリティのように)見える」ことが差別や偏見を生みかねないとされてきました。

前述の発言である「あの人は〝そう〟かもしれない」と思った背景には、見た目が典型的な男性像、女性像に当てはまらないと感じてしまうことがあるのでしょう。例えば「男性〟だけど〟女性らしい振る舞いや格好をする人」や、「女性〝なのに〟化粧を全くしない、髪型が男性っぽい」といった具合です。また、性表現において、いわゆる「男性/女性らしくない」人をセクシュアルマイノリティだと思うのでしょう(もっというと、前述した「男が女っぽい」「女が女っぽくない」という二つの思考の背景には〝女性蔑視〟も含まれていることもおわかりいただけるかと思います)。

確かにセクシュアルマイノリティは、規範的な性の形に当てはまらない人たちではあるのですが、見た目だけで判断できません。

例えば、テレビの「オネエ」タレント等の活躍により、女装をしてオネエ言葉を話す人のみを「ゲイ」だと思い、トランスジェンダーや異性装とゲイを混同する人もいます（ゲイだからといって全ての人がフェミニンなスタイルを好むわけではありません）。

また、シスジェンダーの女性の中にも、化粧をしない人や、短い髪型にしたいという人もいるでしょう。異性愛の女性にもボーイッシュな人もいればフェミニンな人もいるように、レズビアンにもボーイッシュな人もいればフェミニンな人もいます。

他にも、タレントのりゅうちぇるさんは、女性的な服装や化粧を好む方ですが異性愛者で、女性と結婚し、子どもを育てています。インタビューでは、幼少期にバービー人形やおままごとをして遊んでいると「おかま」と揶揄《やゆ》されたということを語っています。*15 シスジェンダーの異性愛男性であるからといって、必ずしも性表現がいわゆる男性的とは限らないんですね。

このように「性的指向」と「性自認」は目に見えず、別の要素であるということを押さえておきましょう。その上で、もし、あなたが「あの人はセクシュアルマイノリティかもしれない」と思った人がトランスジェンダーだったとしても注意が必要です。

トランスジェンダー女性の場合を考えてみると、生まれた時は男性として性別を割り当てられ、本当は女性として生きたいけれど、職場では男性として働いているという人もいれば、徐々に性別を移行中で、女性的な服装や化粧をしている人、手術をして法律上の性別も変更し、現在は女性として生活をしている人など、性自認と性表現のあり方やそのフェーズはさまざまです。

性自認が男女どちらでもない、どちらでもある、中間、決められない等の人のことを「Xジェンダー」といいますが、その当事者の中には、そもそも「男性／女性らしい、らしくない」という二元論だけで語られることが辛く感じるという人もいます。

「もしかしたらあの人はトランスジェンダーなのかもしれない」と思うことはあるかもしれませんが、トランスジェンダーかもしれないし、シスジェンダーで性表現が典型的ではない人かもしれない。

その人がどんな性別で生きている人なのか、どのような振る舞いをしたいのか、どの性別に対して恋愛や性愛の感情が向く／向かないのか、それともまた別の性愛感情を持つ／持たないのかにかかわらず、性のあり方は他者が勝手に決められるものではありません。

しかし、繰り返しになりますが、現在の社会ではシスジェンダーであること、男らしさや女らしさ、ヘテロセクシュアルが前提とされているために、例えばこのパターンの冒頭の、職場の同僚から「あの人ってソッチ系の人じゃない？」と面白おかしく噂話をされてしまったり、シスジェンダー・ヘテロセクシュアルに当てはまらない場合、いじめやハラスメントの被害に遭ってしまう可能性があります。

セクシュアルマイノリティのうち、学校でいじめ被害を経験している人は約六割。[*16] セクシュアルマイノリティの当事者や、当事者が身近にいる人のうち、職場でLGBT関連のハラスメントを受けたり見聞きしたことがある人は約六割に上ります。[*17]

職場の飲み会で、上司から「お前は男なのにクネクネしてて気持ちが悪い、もしかしてホモか」と罵られたという人や、「お前は男みたいな女だな、もっと女らしくしないと婚期を逃すぞ」といった言葉をかけられたという人もいます。Xジェンダーの中には「あなたは男なの？女なの？　どっちなの？　はっきりしないと営業には行かせられない」といった言葉をかけられたという人も。

例えば、最初の「お前は男なのにクネクネしてて気持ちが悪い、もしかしてホモか」と言われた人は、セクシュアルマイノリティではなく、シスジェンダー・ヘテロセクシュアルの男性かもしれません。このように、性的指向や性自認によるハラスメント「ＳＯＧＩハラ」の被害者は、必ずしもセクシュアルマイノリティだけでなく、マジョリティの人もハラスメントを受ける場合があります。

改めて、もしあなたが「あの人ってソッチ系の人じゃない？」と、職場の同僚から噂話を持ちかけられたら、どんな返しをするのが良いでしょうか。

個人的には「別に何でもいいじゃん」とその質問を無効化するような回答がいいのではと思いますが、もし可能であれば、それに付け加える形で「誰かのセクシュアリティを憶測で決めつけることはできない」ということや、もし同僚がセクシュアルマイノリティに対して揶揄するような方であれば、ＳＯＧＩハラや多様な性のあり方について教えてあげてください。

パターン10　「おなべ」や「レズ」だったら胸を触ってもいいだろと言う人たち

「お前はトランスジェンダー（男性）で女じゃないんだから胸を触ってもいいだろと言われ、（シスジェンダー・ヘテロセクシュアル男性から）職場で胸を揉《も》まれ続けました」

この事例を聞いた時には、まさかそんなことが未だに起こるのかと、衝撃を受けたものですが、どうやら胸を揉んだ人は、「男が女にするのがセクハラだから、男だと言っている相手の胸を触ってもセクハラではない」と思っていたそうです（なお、なぜトランスジェンダー男性に胸があるのか、というところが疑問な方は、パターン２をご覧ください）。

さらに、いわゆる「男性」から「お前はレズなんだし、別に男に触られても関係ないだろ」と胸を触られたという事例を耳にすることがありました。

どちらもハラスメントどころか、わいせつ行為として犯罪にもなりかねないものですが、どうやらそのようには認識していない人がいる、ということのようです。

行為者の認識に立つとすれば、最初のケースは「男性はセクハラをされるわけがない」、次のケースは「被害者にとって、恋愛感情が向かない性別の相手からの行為であれば、特に身体に触られても不快感はない」ということになるのでしょうか。

これらの事例を聞いた時、私（神谷）は、以下のように言われた時のことを思い出しました。「女性に対するものがセクハラなのだから、男性に対するセクハラというのは、パワハラのことですよね？」。これは、私にセクシュアルハラスメントの法制度について聞きに来られていた、人事・労務関係の仕事をされていた方の発言です。その方は、真剣に話されていたので、本当にこのように思っていたようでした。ある意味でこの方も、先ほどの事例の行為者と同じように「男性はセクハラをされるわけがない」という認識だったのかもしれません。

セクシュアルハラスメント、いわゆる「セクハラ」は、ジェンダー研究者の牟田《むた》和恵氏が著書『部長、その恋愛はセクハラです！』（集英社新書、二〇一三年）の中で整理されているように、法制度が厳密に定めている「狭義」のセクハラと、社会一般で思われている「広義」のセクハラとがあります。ただ、「狭義」の法制度上でも、「性的な内容の発言」とともに、「性的な行動」、前記のような「必要なく身体へ接触すること」はセクハラに該当します。加えて、厚生労働省のパンフレットによれば、「男性も女性も加害者にも被害者にもなり得るほか、異性に対するものだけではなく、同性に対するものも該当します」と明記されています。既に法制度の一部である指針の改正によって被害者の性的指向又は性自認にかかわらず「同性間セクハラ」も含めて、セクハラの対象になると明記もされています[*18]（ただこれらは、二〇〇七年以降、明記はされていなくても、対象に入ると解釈されていました）。

このような法規定を踏まえれば、男性に対するセクハラも狭義のセクハラに当てはまります。さらにいえば、男性同士であろうが、女性同士であろうが、被害者が男女いずれかの性自認を持っていなかったとしても、「人」に対する性的な言動であれば、セクシュアルハラスメントとなるのです。

ただ、今回のケースのように女性に対するものだけがセクハラ、という認識も、法制度の歴史を考えると致し方のない部分がある、のかもしれません。なぜならば、一九九九年四月から二〇〇七年三月までは、セクハラ対策を規定した男女雇用機会均等法自体が女性にのみ適用されていたこともあって、狭義のセクハラ防止の対象が女性のみだった時代もあったからです。もしかしたら、その情報が更新されていない人が未だにいるのかもしれません。しかし、たとえそうであったとしても、既に一〇年以上、女性以外に対するものも含めて、狭義にもセクシュアルハラスメントとなることが法律上定められているため、早急な認識のアップデートが必要になるといえます。

加えて、前述のような事例の場合は、ハラスメント以前に犯罪にもなりかねないものです。それは性別や、セクシュアルマイノリティ云々《うんぬん》にかかわらずいえることです。

パターン11　トランスジェンダー女性を性暴力の加害者と結び付ける人たち

二〇一八年七月、お茶の水女子大学が二〇二〇年度からトランスジェンダー女性の学生を受け入れることを発表しました。[*19] 以降、女子大のトランスジェンダー学生受け入れは広がりつつあります。一方で、この動きは特にインターネット上でトランスジェンダー女性に対する差別的な言説が顕在化するきっかけの一つにもなりました。

例えばトランスジェンダー女性が女性用のトイレや更衣室、浴場を使うことに対して、「女性のスペースにトランスジェンダー女性が入ってくることは性暴力につながる」といった言説も見受けられたりします。このように、トランスジェンダーをあたかも性犯罪者予備軍であるかのように捉える人が一定数存在するようです。

しかし、こうした言説はトランスジェンダーの実態を捉えたものとはいえません。

まず、既に女子トイレ等を利用しているトランスジェンダー女性はいます。そしてトランスジェンダーの当事者は、自分が生きたい性別と、周囲からどの性別で認識されているかの差異を敏感に感じ取りながら生きている人が多く、不審に思われることを心配し、むしろ望むトイレが利用できず困難を感じている人もいます。ただトイレを利用したいだけなのに、です。

私（松岡）の友人のトランスジェンダー女性は、ずっと男子トイレを利用していたことにストレスを感じていました。少しずつ性別を移行していく中で、自分が周りから「女性」として見られているかどうかを敏感に感じ取りながら生活し、女性の服装や化粧をし始めてからは、男子トイレを利用すると、むしろ他の利用者から不審がられるようになっていきました。それでも「なかなか女子トイレに入ることはできなかった」と言います。初めて女子トイレに入ることができるようになったきっかけは、親友のシスジェンダー女性が、「大丈夫だよ」と言って手を取って一緒に入ってくれたからだそうです。

もちろん、トイレや更衣室、浴場等での性暴力や盗撮などは問題であり、毅然《きぜん》と対処していく必要があります。しかし、それは加害者のアイデンティティが何であれです。たとえその人がトランスジェンダーであっても、シスジェンダーであっても、異性愛者であっても、同性愛者であっても許されるものではありません。

後述しますが、経済産業省で性同一性障害の女性が、性自認に基づいた女性トイレの利用が認められなかったこと等に対する訴訟の判決（二〇一九年、東京地裁）では、被告である経産省側の「自認する性別でのトイレ利用はトラブルにつながるのではないか」という主張に対し、その可能性は抽象的なものにとどまることが指摘されています。[*20]

このように、トランスジェンダー女性が既存の女性スペースを利用できるようになることが性暴力につながるというのは、あまりに論理が飛躍しているのではないでしょうか。まずは、トランスジェンダー女性がどのように生きているかの実態を広く認識してもらう必要があるでしょう。

コラム①　他にもたくさんあるセクシュアリティの形

序章の中で、「セクシュアリティはグラデーションのようになっており、突き詰めると一人に一つずつあるといえるかもしれない」と述べましたが、ではなぜ、わざわざＬＧＢＴという言葉が生まれたのでしょうか。

残念ながらこれまでの社会は、シスジェンダー・ヘテロセクシュアル（パターン1参照）の人しか想定されてこなかったため、その枠から外れてしまう人たちは、社会の制度や文化から〝いないもの〟として扱われてきました。

そこで、セクシュアルマイノリティの人たちが、自分たちの存在を可視化し、権利を求める運動を展開していく上で、例えばレズビアンやゲイなど、自分たちのアイデンティティに名前を付けていったのです。

セクシュアルマイノリティは、自分が世の中の「普通」に当てはまらないことに気づいた時、自分は何者なのか……と思い悩むことが多々あります。その際、自分に当てはまる「名前」に出会えることは、自分が何者かを説明できるようになったり、一人ではないということを実感できたりする非常に重要な機会です。

こうした動きの中でレズビアンやゲイ、バイセクシュアル、トランスジェンダー等の言葉が使われるようになります。そしてLGBTは、いわばセクシュアルマイノリティを表す「チーム名」のようなものとして使われるようになりました。

当然ながらセクシュアルマイノリティというのは、L・G・B・Tの四つだけでなく、他にもさまざまな性のあり方を含んでいます。現在も、自分自身のセクシュアリティについて新たな名付けが行われたりします。

例えば、「Aロマンティック」や「Aセクシュアル」という性のあり方があります。ここでのロマンティックは「恋愛（関係）」、セクシュアルは「性的」という意味ですね。その頭に打ち消しの「A」が付くので、それぞれ他者に「恋愛感情を抱かない人」「性的欲求を抱かない人」ということになります。

同じように「デミロマンティック」「デミセクシュアル」というものもあります。これらは強い感情的な絆《きずな》のある人にしか恋愛感情を抱かない、または性的欲求を抱かないという人です。

「Xジェンダー」は、性自認が男女どちらでもない、どちらでもある、中間、決められないなどの人を指す言葉です。海外ではNonbinary（ノンバイナリー）やGenderqueer（ジェンダークイア）、Gender non-conforming（ジェンダー・ノンコンフォーミング）という言い方をすることもありますが、Xジェンダーという呼称は主に日本で使われています。

他にも、「パンセクシュアル」は性的指向が性別にとらわれないという人、「クエスチョニング」は自分の性のあり方がわからない、迷っている、決められない、決めたくない等の人を表します。このように、現在は性のあり方についてさまざまな名前が付いているのです。

ＳＮＳで有名なFacebookのアメリカ版では、登録する際に五八種類の性別から自分の性自認を選ぶことができます。日本版では「男性・女性・カスタム」から選択することができ、カスタムを選んだ場合は、自由記述で自分のセクシュアリティについて書くことができます。

改めて、序章にある「性の多様性」の四要素の図にあなたの性のあり方を当てはめてみてください。「男として生まれたから男と思っている」「女性だから男性が好き」など、自らをシスジェンダー・ヘテロセクシュアルだと認識している人の中にも、もう少し自分の性のあり方を細かく捉えてみると、実は隣の人と全く同じセクシュアリティというわけではない人がいるかもしれません。全ての人が多様な性のグラデーションの中に生きているのです。

第二章　「ＬＧＢＴ」へのよくある勘違い――一見ポジティブ編

パターン12 「何がNGワードか」だけを気にする人たち

特に二〇一〇年代に入ってから、教育機関や企業、自治体でＬＧＢＴや多様な性に関する知識や、セクシュアルマイノリティが直面する課題について知る研修や講演がさかんに行われるようになっています。私（松岡）もこうした講演をさせていただくことがありますが、そこでよく聞かれる質問の一つが「何を言ってはいけないのか、ＮＧワードについて教えてほしい」というものです。

ＳＯＧＩに関する問題に限らずですが、悪意を持ってわざわざ誰かを差別したいと思うような人はそこまで多くはないでしょう。しかし、差別的な感情を持っていない（と思う）からといって、実際に差別的な言動をしないとは残念ながら言い切ることはできません。

誰しもが無意識のうちに誰かを差別していたり、偏見によって他者を決めつけていたりすることは往々にしてあります。私自身も普段の何気ない会話の中で、属性によって誰かを決めつけて差別してしまっていることがあると思っています。

その時に「これまで知らなかった、気づけなかった問題に直面した際、できるだけ相手を傷つけない言葉選びをしたい」と思うことは、とても大切なことだと思います。

実際に、これまで「ホモ」や「レズ」「おかま」「おなべ」「おとこおんな」といった言葉は、嘲笑をはじめ差別的な文脈で使われてきた言葉でした。そのため、多くの当事者はこうした言葉に傷つき、苦しめられてきたといえます。

一方で、当事者の中には好んで「ホモ」や「おかま」「レズ」と自称する人もいます。どういう言葉を自称するかは自分たちのアイデンティティによるもの。もちろん、だからといって、他者がその人のことを勝手に「ホモ」と呼んで良いというわけではなく、場所や相手、そして文脈によるでしょう。

他にも気を付けるべき言葉として、例えば「ニューハーフ」や「オネエ」等も混同した使い方をしていないか注意したいところです。ニューハーフは、主に飲食店やショービジネス界で働くトランスジェンダー女性を指して使われてきました。オネエは、元々はテレビやメディア等で活躍する女性的に振る舞う男性（ゲイの場合やトランスジェンダーの場合も含みます）を指す言葉として使われてきました。

トランスジェンダーが性自認に合わせて手術を行う際、これまではよく「性転換手術」といわれてきましたが、現在はより厳密に「性別適合手術」と表現されることが多く、英語ではSex Reassignment Surgery/Gender Affirming Surgeryと書くため、「性別再指定手術」や

「性別再判定手術」と訳されることもあります。

このように、その言葉が差別的な意味合いを持つかどうかは、どのような場面で、誰によって使われるのか——例えば、ゲイの当事者同士が集まる場で自らのことを「ホモ」と自称するのか、それとも職場の飲み会でシスジェンダー・ヘテロセクシュアルの上司から「お前ホモかよ」と言われるのか——という「文脈」によって大きく異なってくるのです。

反対に「言葉」さえ適切であればそれで良いわけではありません。ひと昔前までは「まさかお前ホモじゃないだろうな」といった侮蔑的なニュアンスの〝疑惑〟をかけられることがありましたが、それと同じ内容で「まさかお前、LGBTじゃないだろうな」と言われた場合、LGBTという言葉は適切でも、そこに含まれているニュアンスは「ホモ」と同じになってしまいます。

同様に、「あなたはレズビアンという部分以外は理想の友達なのに……」といった声をかけられる場合は、「言葉」そのものだけでなく、やはりその言葉がどのように使われるかという「文脈」によって差別的かそうでないかが分かれるでしょう。

言葉は生き物で、常にその意味は変わっていったり、先ほど紹介した性転換手術と性別適合手術など、別の言葉に置き換わっていったりすることもあります。こうした言葉の使われ方、意味合いの変化を学んでいくことは、非常に重要なことです。

繰り返しになりますが、「ＮＧワード」がわかっていれば、最低限気をつけるべきことは押さえられているかもしれませんが、それでセクシュアルマイノリティとのコミュニケーションが〝完璧〟になるわけではありません。考えてみれば当たり前のことですが、前後の文脈で言葉の意味は異なってしまうからです。

また、「何がＮＧワードか」が気になりすぎて「当事者と何も話せない」と感じ、関係する話題を避けたり濁してしまう人がいるとしたら注意が必要だと思います。

どんな言葉を使うかで悩むよりも、相手を尊重し、もし間違った言葉を使ってしまったら指摘してもらい、謝ることができる。そういった関係性であれば、問題にはなりにくいはずです。

セクシュアルマイノリティを「特別」なものや「腫れ物」として捉えるのではなく、一人の人間として、相手が心地よく思える言葉遣いをしていくことが重要ではないでしょうか。

パターン13　「両方の気持ちがわかる」と思う人たち

特にゲイに対するステレオタイプの一つに、「男の気持ちも女の気持ちも両方わかる」というものがあります。

その背景には、これまでテレビドラマなどでゲイが、主人公の女性の「良き相談相手役」として描かれることが多かったり、バーなどで恋愛の話の際に異性愛における女性側の意見に寄り添ったり、代弁するゲイ像がよく描かれることも要因の一つでしょう。

タレントのマツコ・デラックスさんのような、「異性愛」の枠組みから一歩出た立場からアドバイスをするキャラクターが人気なことも影響しているかもしれません。

いずれにしても、シスジェンダー・ヘテロセクシュアルの人でも、同じ男性や女性の気持ちが全てわかるわけではないのと同様に、当然ながらゲイだから男の気持ちも女の気持ちもわかるわけではありません。

確かに「多数派ではない」という経験から、シスジェンダー・ヘテロセクシュアルの人とは異なる視点を持つことがあるとは言えなくもないかもしれませんが、それはゲイ特有というより個人の持つ経験などの要因が大きいのではないかと考えられます。

さらにゲイが「男の気持ちも女の気持ちも両方わかる」というステレオタイプに付随してよくいわれるのが、「俳優やエンターテインメント領域で華やかな仕事をする人に多いよね」というもの。

確かにエンターテインメント領域で活躍する人の中に、ゲイであることを〝隠さず〟に働いている人が多いのかもしれません。その背景には、エンターテインメント界は、男性であっても、いわゆる女性らしい振る舞いがキャラクターとして受け入れられやすかったり、世の中で「普通」という枠に当てはまらない人が活躍しやすい環境だったりという理由があるでしょう。

当然ながら、どんな職場にもゲイの当事者は存在します。商社にも美容室やコンビニ、病院や工事現場、学校にも。しかし、異性愛が前提の社会では、なかなか自分がゲイであることをオープンにすることができません。

「男の気持ち、女の気持ち」という点においては、トランスジェンダーに対しても言われることがあります。その人の振る舞いに対して「ここは男らしいね／ここは女らしいね」と勝手に相手から評価され、ストレスを感じる経験をしている人も少なくありません。

例えば、生まれた時に割り当てられた性別は女性で、現在は男性として生活している当事者に対して、脚を開いて座っていると「男らしいね」と言われ、でも一方でパンケーキが好きだと言うと「そこは女っぽいね」といった具合です（本当はパンケーキが好きだと〝女性らしい〟ということ自体疑問を持ちますが）。さらに、「目つきはやっぱり女だよね」など、その人の身体的特徴を男らしい、女らしいという基準に当てはめて述べられてしまうこともあります。

Xジェンダーの当事者の中には、そもそも男らしさ／女らしさという二元論で勝手に評価されることで苦しさを感じる人もいます。

こうした「男性／女性の両方の気持ちがわかる」といった憶測や「世の中の男らしさ女らしさを押しつけられることで苦しさを感じる」という人は、セクシュアルマイノリティだけでなく、マジョリティの中にもいるでしょう。

近年は、少しずつですがさまざまな職場で働くセクシュアルマイノリティの姿が可視化されるようになりました。

一方で、世界を見渡すと、今やレズビアンの首相や、ゲイであることを公表しているオリンピック選手、トランスジェンダーの大臣、同性カップルに育てられた子どもが首相になった国もあります。

セクシュアルマイノリティに対してある特定のイメージを過剰に抱く人がいるとしたら、ぜひ多様な性に関する知識を身に付け、いろいろなセクシュアルマイノリティの当事者と知り合ってほしいと思います。そこには、現代社会の環境に制約されながらも、「人それぞれ」に生きる当事者を見ることができるはずです。

パターン14 「自分は特に気にしないから」と暴露してしまう人たち

本人の性のあり方を、本人の同意なく第三者に勝手に暴露することを「アウティング」といいます。これはセクシュアルマイノリティの当事者にとって、突然自分の居場所が失われてしまったり、プライバシーを侵害されるような非常に危険な行為です。

二〇一五年に一橋大学のロースクールに通うゲイの大学院生が、ゲイであることをＬＩＮＥグループで暴露されてしまい、大学の校舎ベランダから転落死してしまったという事件がありました。[*1]

さらに、二〇一九年にもアウティングに関する裁判が提訴されました。原告の看護助手が勤務先の病院で、「男性であったこと」を看護部長によって同僚に暴露されてしまい、同僚から「気持ち悪い」と中傷されたり、身体を見せるように言われるなどのＳＯＧＩハラを受け、結果的に病院のベランダから飛び降り自殺を図ったという事件です。[*2]

このように、アウティングはその人の命まで脅かすような事態にまで発展することがあります。

残念ながらアウティングは、当事者にとって珍しいことではありません。本書を読んでいただいている方の中にも、「〇〇さんってゲイらしいよ」という噂話を聞いたことがある人は少なくないのではないでしょうか。

悪意によって暴露されてしまい、それがいじめやハラスメントの問題につながることは言語道断ですが、実は必ずしも「悪意」だけでない「善意」によるアウティングにも注意が必要です。

例えば、同僚からカミングアウトされた人が「良かれと思って」職場の他の同僚やその人の上司にも「あの人、実はレズビアンなんだって」と伝えたとします。その中に実はセクシュアルマイノリティに対して差別的な感情を持つ人がいた場合、その瞬間から当事者にとって自分のいる職場が「安全」ではない場所に変わってしまう可能性があるのです。

たとえカミングアウトを受けた人に「理解」があったとしても、アウティングした先の人に一〇〇%「理解」があるかどうかは誰にもわかりません。

当事者にとってカミングアウトは非常に勇気がいるもので、それと同時に、相手を信頼していることの証《あかし》でもあります。しかし、その情報がいつの間にか勝手に第三者に知られていたら、「あなただからこそ伝えたのに」と思っていた当事者は非常にショックを受けるでしょう。

職場の場合は、人事情報の閲覧や共有の際にアウティングが起きないようにも注意したいところです。職場で男性として認識されながら働く当事者で、しかし法律上の性別は女性であるため、人事部は知っているけれども、他の同僚は知らないという場合、その人事情報が勝手に上司や同僚、取引先に知られていたら、当事者は疑心暗鬼になり、安心できる職場とは感じられなくなってしまいます。

　自分の性のあり方によって人事評価に影響が出てしまうのではないか、最悪の場合、左遷や解雇をされてしまうのではないか、会社の廊下で役職が上の人とすれ違うたびに「誰にまで知られているのか」とビクビクする等、常にストレスのかかる生活を送らなければならなくなります。

　もちろんアウティングをめぐる問題の根本的な解決とは、性的指向や性自認の情報が暴露されたからといって、〝たいしたもの〟ではない――例えば、自己紹介で自分の星座や血液型、右利きか左利きかを伝えても、いじめやハラスメントにはつながらないように――そんな世の中になることであり、そうなれば、そもそもアウティングされたところで問題は起きません。それまでは、性的指向や性自認などの情報は慎重に扱う、という対応が大切です。

　アウティングはしてはいけないことですが、防止する方法はいたってシンプルです。それは「本人に確認する」ということです。誰にまで伝えているのか、誰にまで伝えて良いのかを聞くこと、たったそれだけです。

　もし万が一、アウティングが起きてしまったらどうすれば良いでしょうか。一三六頁でも後述しますが、まずはアウティングしてしまったことを本人に伝えて謝罪し、伝えてしまった相手にも事情を説明しつつ、それ以上勝手に広がらないようにしましょう。再発防止策についても事前に検討しておくことは重要でしょう。

国内でも東京都国立《くにたち》市や豊島《としま》区、港区で条例に「アウティング禁止」が盛り込まれています（二〇二〇年六月現在、三重県でも検討中）。海外でも、例えば、EU圏内の個人データやプライバシーの保護を規定する「GDPR（一般データ保護規則）」にも「性的指向」は要配慮個人情報のカテゴリーに入っており、情報を取得する際には、本人の同意が原則となっています（この原則は、一部日本国内でも適用される場合があります）。カナダのオンタリオ州でも、「性的指向」「性自認」に関する情報は機密性の高い項目と規定されています。*3

悪意はもちろん、たとえ善意であっても、アウティングは危険な行為だという認識の上で、本人確認を徹底することが大切です。

パターン15 「私は気にしない」が「差別しない」だと思ってしまう人たち

LGBT等の施策について話をしていると、わざわざ自分から「いやいや、私は特に差別をしないし、気にしてもいない。だから何もしないで自然体でいいじゃないですか」と発言される方と出会うことがあります。一見、「前向きに考えてくれるいい人だな」と思ってしまいがちですが、私（神谷）には「かなり対応が難しい人」というように見えます。

その理由は、「セクシュアルマイノリティであることを気にしていない」から「何もしなくていい」というところです。ここまでいくつか紹介してきたように、現在の日本社会の職場には、大なり小なり、セクシュアルマイノリティに関するさまざまな困難が転がっています。採用拒否から始まって、いじめやハラスメント、異動や退職勧奨、男女別取り扱いによる困難などの課題を挙げることができます。

また、パターン5で解説したように、日常会話一つにも、あれやこれや気を遣わざるを得ない状況にあります。相手の顔色を窺いながら、自分がセクシュアルマイノリティだと疑われないように、プライベートな話題に深く入り込んでくることのないように、注意深くその場の会話をコントロールし、なんとか切り抜け、やり過ごす、そんな人も少なくない状況です。

このような状況下にもかかわらず、「何も気にしないから、何もしない」ということをあえて言われてしまうと、自分は状況を変えるつもりはない、困難は困難のまま抱えていてくれ、というメッセージにも受け取れてしまうのです。

違う角度の話として、「人はそれぞれ多様だから」「人を好きになるって素晴らしいこと」と言われることもありますが、それ〝だけ〟では済まされない部分もあります。みんな違ってみんないいのはその通りだけれども、その違いによる大変さが一様であるわけでもありません。別に大変さの競争をしたいわけではないのですが、「多様である」の一言では済まされない、大変さが日常的にあるわけです。

この点については、「his」（二〇二〇年公開）という同性愛者を描いた映画に出演した、俳優の藤原季節さんの指摘が挙げられます。藤原さんは映画について「本作は同性愛であっても、登場人物は普遍的な感情を抱いていると思っていたんです。でも、実際に同性愛者の方々と知り合ったり話したり調べたりしていくうちに違うと感じるようになりました」「普遍的な感情というのは、僕らの視点からであって、彼らのなかにはある意味存在していないと思うんです。自分たちが同性愛者だという前提を、なくすことはできない。あくまでも、同性愛者だからこそ抱く好きという気持ちと、そこで直面する壁や苦しみを描いた映画なんだと、今は思っていますす」と述べています。[*4]

このような指摘から考えても、「何も気にしない」「差別していないからそのままでいい」、もっといえば「人と違ってもいいじゃない」ということ「だけ」をあえて言われてしまうと、「この大変さを放置したままで良い」とも受け止められ得るのです。

もちろん、好意的に見れば、「差別はしない」と言うのですから、その人はセクシュアルマイノリティに不利益なことはしない、のでしょう（そう信じたいものです）。しかし、自分が差別的な、もしくは当事者に不利益なことをしなかったからといって、セクシュアルマイノリティの苦境が改善するわけではありません。もし、善意でそのように言っているのであれば、同じ職場で働く同僚の苦境に対して、個人として、管理職として、組織として、それぞれにできることがあります（制度などの観点では第四章、第五章にまとめています）。

なお、このパターンの冒頭のような発言をされていた方が、別の機会に「同性愛者を気持ち悪いと言ってはいけません」との文書の記載に、怒りを表明されている場面がありました。もしかしたら「私は気にしない」との発言の中には、自分の行動や振る舞いを変える気はない、というメッセージを忍ばせている人がいるのかもしれませんね。

パターン16 「私はLGBTの友人がいるから理解がある」と思い込む人たち

ゲイであることを伝えた時、「そうなんだ！　私もゲイの友人がいるよ」という答えが返ってくることがよくあります。さらに「だから私はセクシュアルマイノリティに対して理解がある／偏見はないよ」と続くことも。しかし、ここにも注意したい落とし穴があります。

おそらく「ゲイの友人がいる」ということを伝えることで「安心してね」というメッセージを送ってくれているのだと想像しますが、その気持ちは非常にありがたく、心強いものだと感じます。

一方で、「ゲイの友人がいる」から「私には理解がある／偏見がない」と言い切ることには注意が必要です。

繰り返しの説明になりますが、セクシュアルマイノリティにはL・G・B・T以外にもさまざまな性のあり方が存在し、例えばゲイの人の中にもさまざまな考え方の人がいます。ゲイの友人がいるからといって、セクシュアルマイノリティ全般を理解しているかといえば、そうとはいえないでしょう。さらにいうと、ゲイの友人以外にも実はあなたの周りにはさまざまなセクシュアリティの当事者がいますが、全員があなたにカミングアウトしているわけではありません。その意味でも「理解がある」と言い切ることは難しいでしょう。

また、私（松岡）には多くの異性愛者の友人がいますが、だからといって「異性愛者」のことを理解しているとはいえません。同様に、「外国人」の友人がいるからといって「外国人」を理解しているとはいえないでしょう。外国人の中にもさまざまな国の、さまざまなバックグラウンドを持った人がいるからです。

肯定的な意味で「私にはゲイの友人がいるから安心してね」という気持ちそのものはとてもありがたいのですが、実はこの「友人がいる」ということを逆手にとって差別的な言葉が使われることもあります。

人種差別に関する言葉で「I have black friends」論というものがあります。これは「黒人は犯罪を繰り返す」といった人種差別的な言動に対して批判を受けた際に、「私には黒人の友人がいるのでこれは差別ではない」などと言い訳として使われてきたことを指しています。

例えば、「女性」の友人がいるからといって、「女性は男性より劣っているから試験で女性の点数を一律で減点しても良い」と言うことが許されるはずがありません。

他にも、「私にはLGBTの友人がいる」と言いながら、「LGBTは生産性がないため、支援は必要ない」という言説についても同様です。「私には〇〇の友人がいるから」という言い訳は、差別を矮小化《わいしょうか》してしまう効果を持ちます。黒人やLGBTの友人がいるということが、差別的な考えを正当化する根拠にはなりません。

悪意のある「I have black friends」論法は言語道断ですが、そもそも「理解がある」ことを伝えるために、「私にはLGBTの友人がいる」と言う必要が果たしてあるのでしょうか。

セクシュアルマイノリティの友人がいようといまいと、あなたの性のあり方を尊重しているという意思を伝えてもらえる方が相手は安心できるのではないかと思います。

ＬＧＢＴの友人がいるから「ＬＧＢＴを理解している」とは思わず、ＬＧＢＴの友人がいるからこそ、それぞれが「一人ひとり異なる」ことも認識し、相手に合わせたコミュニケーションを心がけてみてください。

パターン17　過剰に「理解しているよ」「大変だったね」とねぎらう人たち

これまで見落とされていたセクシュアルマイノリティを取り巻く課題をすくい上げるという形でＬＧＢＴ関連の報道が増えつつあります。これらの報道によって、これまで嘲笑の対象として描かれることが多かったセクシュアルマイノリティに対して、世の中の認識も変わりつつあるといえるでしょう。

カミングアウトする当事者も増えてきており、厚生労働省の委託事業の調査でも、ＬＧＢＴという言葉の認知度は六割を超え、[*5]一般化はできませんが、メディアのもたらす効果の大きさを実感します。一方で、ＬＧＢＴという言葉の説明ができたり、当事者が身近にいるという人はまだまだ少なく、さらなる情報発信が必要でしょう。

そんな中、あるゲイの当事者は、友人にカミングアウトした時、過剰に「大変だったね、絶対誰にも言わないからね」と言われたことに違和感を覚えたと話します。彼はセクシュアリティを理由に苦しんだとは思っておらず、セクシュアリティについてもオープンにはしていなかったけれど、隠していたわけでもないそうです。そのため、この反応に違和感を覚えたと語りました。

きっと「大変だったね」と答えた友人は、セクシュアルマイノリティを取り巻く課題について情報を得たり、ゲイであることを〝隠さなければならなかった〟彼のこれまでに思いを馳《は》せていたのでしょう。アウティングの問題等についても知っていたのかもしれません。友達を思ってねぎらいの声をかけたことから、非常に友達想《おも》いであることが窺えます。

実際、セクシュアルマイノリティの中にはいじめ被害や職場でのハラスメントを経験している人も少なくなく、自ら命を絶とうとした人もいます。大阪市で実施された調査によると、自殺未遂を経験したセクシュアルマイノリティは、シスジェンダー・ヘテロセクシュアルに比べて、ＬＧＢが約六倍、Ｔが約一〇倍に上っています[*6]。

一方で、そのゲイの当事者のように「大変だった」とは感じていない人の中には、メディアのセクシュアルマイノリティをめぐる報道が増えるにしたがって「腫れ物」扱いになることに違和感を持つ人もいます。確かに、一律にセクシュアルマイノリティに「かわいそうな人たち」とレッテルを貼ってしまったり、「大変な人生を送っていたんだな」と決めつけることもまた、偏見の強化につながってしまう部分もあるでしょう。

セクシュアルマイノリティを理解したい、支援したいと思う人のことを「アライ（ALLY）」といい、これは「同盟」や「支援」という意味の英単語「ally」が語源となっています。アライが増えることはセクシュアルマイノリティを取り巻く課題解決のために重要ですが、注意が必要な部分もあります。

例えば、もしアライの人がセクシュアルマイノリティを「かわいそうな人たち」だから支援したいというモチベーションで活動している場合、良かれと思って取った行動にセクシュアルマイノリティの当事者から予想外の反発や批判を受けた際「なんでこんなに支援してやっているのに」と思ってしまう可能性があります。これは危険な傾向です。

パターナリズム（「父権主義」などと訳されます）という概念がありますが、これは強い立場にいる人が、弱い立場の人の意思とは関係なく、その人の利益になるという理由から干渉することを指します。まさしく、この「良かれと思って」がキーポイントで、良かれと思ってやったからこそ「優しいパターナリズム」に陥らないように注意したいところです。なぜなら、マイノリティは、マジョリティにとってちょうど良い、または支援しやすい「美しい弱者」ではないからです。

セクシュアルマイノリティ一般を取り巻く課題や、困りやすいポイントについては認識しつつ、当事者一人ひとりの経験は異なることを前提に、「かわいそう」とも「大したことない」とも決めつけず、フラットに接することが大切です。

パターン18　制服の問題がトランスジェンダーだけの問題だと思う人たち

近年、学校現場では、例えば生まれた時に性別が男性と割り当てられた生徒でも、スカートを選択できるといった制服選択の自由化が広がってきています。この動き自体は喜ばしいことですが、こうしたニュースを報じる記事の見出しには「ＬＧＢＴへの配慮」という言葉がしばしば登場します。このタイトルに違和感を持つ人はどれくらいいるでしょうか。

私（松岡）は「ＬＧＢＴへの配慮によって制服の性別選択が自由になった」というのには二つの部分で違和感を抱きます。

一つは、パターン３でも述べたような「性的指向と性自認の混同」です。制服について考えた際、ＬＧＢ（同性愛者や両性愛者など）は「性的指向」に関するマイノリティであるため、生まれた時に割り当てられた性別と自認する性別とは一致しており、制服に困るということはほとんどありません。むしろ困りやすいのは「性自認」に関するマイノリティであるトランスジェンダーの人たちです。「ＬＧＢＴへの配慮」としてしまうと、あたかもＬＧＢの生徒も制服に困難を抱えているという誤解を与えてしまうでしょう。

もう一つは、「ＬＧＢＴの生徒のみに特別な配慮が必要だというメッセージになってしまう懸念」です。

自分がどのような制服を着たいかというのは「性表現」の問題です。例えば、シスジェンダーの女子生徒でも、冬はスカートだと寒いからスラックススタイルの制服が良いと思う人もいるでしょう。しかし、もし制服の性別選択の自由化を「トランスジェンダーへの配慮」としたら、自分の性自認が生まれた時の性と異なる人だけに選択が許されることになります。

本来はどんな性自認の人であっても、全ての人が学習や仕事に集中しやすい環境づくりとして、自分らしいスタイルの制服を選択できるようにすべきであり（具体的な企業の対応や近年の動向については第五章で解説しています）、報道の仕方としてもそのような説明が望ましいのではないでしょうか。

パターン19　「ＬＧＢＴ施策」が当事者全員に支持されると思う人たち

二〇一五年あたりから、同性パートナーにも異性婚の場合と同様に、結婚休暇や結婚お祝い金などの福利厚生を適用する企業のニュースが頻繁に報じられるようになりました。

企業のセクシュアルマイノリティに関する施策も裾野が広がり始め、日本経済団体連合会の調査によると、回答した二三二社のうち四二・一％がＬＧＢＴについて「何らかの取り組みを実施している」と回答しています[*7]。

任意団体「work with Pride」が実施する、企業のＬＧＢＴ施策を評価する「ＰＲＩＤＥ指標」は、二〇一六年のスタート以来、四年で応募企業・団体は八二社から一九四社に増加しました[*8]。

とはいえ、取り組みを導入している企業は、大手企業のさらにそのまた一部。九九％を占める中小企業ではまだまだこれからです。今回のパワハラ防止法が中小企業のセクシュアルマイノリティに対する施策を後押しする大きな要因となるでしょう。

大手企業の場合、セクシュアルマイノリティに対する施策を担当するのは、人事・総務部をはじめ、ダイバーシティ推進担当の部署が担っている場合が多いようです。

そんな担当者の方から時々受ける相談の一つに、ＬＧＢＴ施策に対する社内のアンケートで、匿名の当事者から「やめてほしい」という声を受け取り驚いた、どうすればいいかというものがあります。

そもそもこの「LGBT施策」とは何かというと、例えば就業規則に性的指向や性自認による差別の禁止を明記したり、SOGIに関する相談窓口を設置したり、店舗を持つ企業であれば、従業員がレインボーバッジを着けたりするところもあります。

こうした施策に対する「反発」について、おそらく担当者の方は、セクシュアルマイノリティに対して偏見や嫌悪を抱くような人たちからのものは想定していたけれど、まさか当事者から反対されるとは思っていなかったようです。

しかし、ここにも注意が必要なポイントがあります。

例えば他の分野の施策でも子育て世代だからといって、育児休業や短時間勤務などの制度を使わない、興味がない人だっているはずです。その方の環境が整っているから、パートナーとの分業がうまくいっているから、あるいは制度を利用すると実質キャリアに響くと考えている人、その理由や背景はさまざまでしょう。だからといって、そうした制度がいらない、ということにはなりません。育児関連制度なしには働き続けられない人がいるからです。企業としても、スキルや経験を蓄積した人材をみすみす辞めさせてしまうのは損失である、そのように考えているところが多いのではないでしょうか。

これは、ＬＧＢＴ施策でも同じことです。施策を導入したからといって、必ずしも全ての当事者が歓迎するとは限りません。セクシュアルマイノリティの中には、職場でＳＯＧＩハラによってひどい扱いを受けたという人もいれば、中には特に困りごとを感じたことはないという人もいます。

それに、これまで長い間セクシュアルマイノリティであることを隠して生きてきて、職場でも〝うまく〟適応してきたのに、突然会社が「ＬＧＢＴ施策」を導入したと聞いて戸惑う人もいるでしょう。これで生活が変わって、逆に不利益を受け、キャリアに影響があったらどうしようと考える人もいます。

また、ＬＧＢＴ施策を行ったからといってすぐに当事者がカミングアウトできるようになるかというと、そうともいえません。職場の文化や雰囲気はすぐに変わるものではなく、家族や友人、地域コミュニティなど、社外とも密接に関係しているため、一朝一夕で変化するものではなく粘り強い意識変革・環境整備が必要になります。

しかし、セクシュアルマイノリティの当事者がより安心して働ける職場環境を整備するためには、こうしたＬＧＢＴ施策が必要であることは、国際機関、行政、経済団体など、さまざまな組織が認めるところです。

第五章で後述しますが、類似する勘違いとして、トランスジェンダーに関する施策は「多目的トイレ」を設置さえすれば良いと考える人も一定数存在します。これも、お手洗いだけが問題ではないし、「多目的トイレ」をめぐっても、さまざまな捉え方があります。

いずれにしても、ＬＧＢＴ施策によってすぐに効果が出たり、感謝される場合ばかりではありません。けれど、このような取り組みの積み重ねによって社会が変わりつつあり、新卒で自分のセクシュアリティを最初からオープンにして就職する人も増えつつあります。

どんな性的指向や性自認を持つ人であっても、安心して働ける職場環境を整備するために、まずはＳＯＧＩハラやアウティング防止対策を切り口に多様な声をすくい上げながら、施策を推進していく必要があります。

コラム② 家族・地域から孤立しやすい子どもたち

「最近ＬＧＢＴってよく聞くし、そんな友達とか同僚が一人くらいいてもいいかな」なんて思っている方、本書を読んでいる方の中にもいらっしゃるでしょうか。

『性的マイノリティについての意識 ２０１５年全国調査 報告書』によれば、「同性愛者」が「近所の人」や「職場の同僚」であった場合に、「嫌ではない」「どちらかといえば嫌ではない」と答えた人は五割を超えていて、「性別を変えた人」の場合はそれぞれ約六割です。その一方で、自分の「きょうだい」の場合は、「同性愛者」で六六・九％、「性別を変えた人」で六五・六％が、「嫌だ」「どちらかといえば嫌だ」と答え、「自分の子ども」の場合は「同性愛者」で七二・四％、「性別を変えた人」で七〇・二％となっています。[*9]

つまり、近所や同僚の人には当事者がいてもいいが、自分の家族に当事者がいるのは嫌、という人が少なくない割合で存在していることになります。

一方で、セクシュアルマイノリティの困難の特徴については、「存在や困難が目に見えにくいこと」と、「地縁や血縁に頼れないこと」が大きな特徴であると考えられます。そして、嫌悪感も含めた困難の背景には、「男性はこうあるべき」「女性はこうあるべき」といった、ジェンダー規範が密接に関わっています。

　例えば、車椅子を使っている方などと比べて、性的指向や性自認は目には見えにくいため、多くの当事者はその困難が可視化されにくい側面があります（もちろん、可視化している場合もあります。ただ、パターン6で紹介したように、トランスジェンダーも含めてカミングアウトしていない場合の方が多いため、不可視化されていることが多いと考えられます）。

　一方、日本以外のアジアにルーツのある方で、見た目にはマイノリティだとわからない場合でも、家に帰れば、親も同じルーツを持っている、居住地が集住地域である、という場合も少なくありません。しかし、こと性的指向や性自認に関する課題では、家族とのつながりによる差別に苦しみ、地域の人とも疎遠になりがちです。

　このようなことから、家族や地域から支援を受けられないだけでなく、同じ当事者同士も目には見えにくいため探せず、孤立する子ども・若者が珍しくありません。

　ニーズが可視化されにくく、サポートを得がたい、だから声を上げづらい。場合によっては、何に困っているのか、自分で言語化することすら難しい場合がある。長年の悪循環が、ここ数年の間に始まったさまざまな分野の取り組みによって、打破されることを願ってやみません。

第三章　「ＬＧＢＴ」に限らないよくある勘違い

パターン20　初対面ですぐ「彼氏／彼女いるの？」と聞く人たち

職場でたまに、「彼氏いるの？」とか、「彼女いるの？」と聞いてくる人がいます。ひと昔前までは職場のそこここで飛び交っていたこのような投げかけも、最近では「いきなり仕事に関係のないプライベートなことに突っ込んでくるな」と、やや面食らう人も多くなってきたように思います。特に、初対面というその人のさまざまな背景が本人から語られていない状況で、「彼氏」「彼女」というプライベート性の高い話題を持ち出してしまうと、思わぬ「地雷」を踏んでしまいかねないものです。

本書が取り上げているようなセクシュアルマイノリティに対する投げかけの場合も、この手の話題は地雷となります。「彼氏／彼女いるの？」の何気ない一言は、当事者の頭に「そもそも同性パートナーだし……」とか、「自分の性自認は男性だけど、職場では女性として過ごしているし、パートナーの性別は女性だから、これを変に思われないように説明するには……」などと頭の中で整理して話さなければならなくなる、そんな事情を呼び起こします。しかし、このような事情をそのまま答えることはできないため、どうこの会話を切り抜けるべきか、自分を守るための、うまく繕った会話を始めることとなります。

「えーと、彼氏はいない、ですかねえ……（彼女はいるけど）」などと言葉を濁された際の背景には、このような事情がある場合も考えられる、というわけです。

ただ、思わず「彼氏／彼女いるの？」と聞いてしまったとしても、さらに話題を深く掘り下げようとしなければ、あまり大きな問題にはならないかもしれません（そこは察してよという信号を素早くキャッチすることが、現代社会では必須のスキルといえるでしょう）。確かに当事者にとっては、その時ヒヤッとするかもしれませんが、その後同じような話題が振られなければ、「わかってくれている人なのかな」と受け止める場合もあります。しかし、答えづらそうにしている／あまり反応をしない人に対して、「その人はどんな人なの？　どこで出会ったの？　写真見せてよ」などと畳みかけると、ハラスメントの色合いが濃くなってきてしまいます。

こうした言動はセクシュアルマイノリティに対するものや、ＳＯＧＩに関連する場合のみがハラスメントになるわけではありません。二〇二〇年六月から施行されたパワーハラスメント防止法が定める、パワーハラスメントの六つの類型の一つに「個の侵害」と呼ばれるものがあります。厚生労働省はこれまで、この「個の侵害」について、「交際相手について執拗《しつよう》に問われる」という例を挙げ、防止を呼びかけてきました。厚生労働省の啓発サイトである「あかるい職場応援団」では、「業務上の必要もなく私用や私的な内容を聞き出そうとする」「結婚等のプライベートな事柄について執拗に触れる発言」は「『個の侵害』に該当する」とされています[*1]。業務上必要のないこのような発言は、誰に対するものであれ（初対面であればなおさら）、今後さらにパワーハラスメントと見なされていくでしょう。

もちろん、このような話題が一切ダメだということではなく、本人が自発的に話した内容について盛り上がることは問題がない（業務上差し障る私語でないなら）でしょう。また、過去に本人から聞いていた内容を、その人が共有している範囲の人とともに、楽しく話す際も問題がない場合が多いでしょう。ただ、その話題を共有していないかもしれない人がその場にいる場合や、本人が過去に話した内容に気まずそうであれば、やはりその会話は避けた方が無難です。「なんだか難しそうなことをあれこれ言われて会話がしづらくなるな」と思われる方もいるかもしれません。ただ、最近の営業や接客などでは、このようなことが徹底されてきているように感じます（相手が不快に思ったら終わりですから、当たり前といえば当たり前ですね）。接客ではなかったとしても、取引先との会話で、過度にプライベートに踏み込んだことによって信用を大きく失ったという事例も耳にします。

職場は仕事の場ですし、仕事を共にする人が不快だと受け止める話題を出さないことは、最低限のマナーといえるはずです。繰り返しとなりますが、一度話してみて、相手が嫌がる場合はもちろんですが、濁すような反応があった場合でも、次回は話題にすることを避けた方がいいかもしれません。

たとえ交際相手に関する話題ができなかったとしても、仕事上の話題、差し障りない範囲の趣味や、メディア報道に関する話題などから、相手との共通点を見つけることで親近感を共有することは十分に可能なはずです。むしろ、相手の反応を見極めながら、適切な話題を探せる注意深さこそ、これからの時代に求められるビジネススキルの一つといえるのではないでしょうか。

それでもなお、「交際相手に関する話題」を封印されるのは、やりづらいという方もいらっしゃるかもしれません。

そういった方に気づいていただきたいのは、多くのセクシュアルマイノリティは、この「交際相手」の話題を封印されている、もしくは制約されているという点です。カミングアウトをしているセクシュアルマイノリティでなければ、そもそも「交際相手」の話題で親近感を共有しようとする行為そのものが、自分が当事者であると気づかれかねないリスクとなります。それでもなお、交際相手について話題にしようとすれば、本書で繰り返し取り上げてきたように、同性のパートナーの存在を異性パートナーと偽る、自分とパートナーの性別をそれぞれ偽るなど、高度な会話テクニックが必要となり、やはり面倒な話題であるといえます（たまにそのようなテクニックを使いこなすことに慣れすぎていて、苦もなく会話を回す方もいらっしゃいますが、できれば本来必要がないはずのそのような思考容量は、業務上必要なことに活用してほしいと私〈神谷〉は思ってしまいます）。

このように、「交際相手」に関する話題が封印・制約されている人もいるのだ、ということを頭の片隅に置いていていただき、そのような話題ではなく、他の話題で職場で働く人のモチベーションを高めたいところです。

パターン21　LGBTじゃないならホモネタ、レズネタはいいだろ、と思ってしまう人たち

「あそこの支社長がホモらしいんだよ。想像するだけでキモいよな。部下になったら手籠《てご》めにされるのかな」「うわっ無理、無理。お前あの支社行けよ」「勘弁してくださいよー、先輩。ギャハハハハ」

目の前で繰り広げられる典型的なホモネタに、為《な》す術《すべ》もなく張り付いた笑顔で「ははは」と乾いた笑い声を発する。当事者にとってはお馴染《なじ》みともいえる苦い光景です。このような場面

に出くわしても、上司・部下の関係、先輩・後輩の関係で遮ることは難しい場合が多いのではないでしょうか。まして、不用意な行動で、自分が当事者だと明らかになってしまったら、生活が変わってしまうのではないか、というリスクも頭をよぎります。いずれにせよ、不快であったとしても、とてもその話題を止めることができないケースがほとんどといえるでしょう。

一方で、「この前レズもののAV見ちゃった、エロかったわー」「お前趣味わりーなー、でもちょっと今度見せろよ、ギャハハハ」というような、いわゆるレズネタに出くわすこともあります。レズビアンについて、「AV」と関連づけてイメージされる「偏見」も、未だに根強いものがあります。

いずれにしても、このような「猥談《わいだん》」は「男同士の会話」として、いわゆる「下ネタ」と一緒に語られることも多く、女性が参加していない飲み会などで行われるケースがほとんどであるように思います（たまに男性以外がその場にいるにもかかわらず、卑猥な話題をかまわずにする人もいますけれども）。

当事者がこのような飲み会に参加してしまうと、多くは「あー本当に来なきゃ良かった」と心から後悔し、時間が経《た》つのをただただ願うばかりとなります。ちなみに私（神谷）が就職した頃には、飲み会シーズンになると、当事者たちの会社の飲み会を嘆くつぶやきがTwitter

上で飛び交っていました。

ただ、このような話題が苦手なのは、「当事者」だけではないようです。最近では、若い世代を中心に、そもそも下ネタが苦手である、あるいは友人や家族に当事者がいるため「ホモネタ」「レズネタ」は不快である、などの背景から、ヘテロセクシュアルの「男性」であっても拒否感を持つ人が増えているように感じます。「男性」だからといって、下ネタを言えば喜び合える、連帯感が高まる、という認識はそろそろ変えた方が良いのかもしれませんね。

セクハラに関する法制度の改正によって、「同性間セクハラ」が指針に明記された際には、このような「猥談」の他、同僚をいわゆる風俗店に誘うことなどが「セクハラ」であると報じられました。また、今回のパワハラ防止法では、SOGIにかかわらず侮辱的な言動はNG、多数派に対してもダメだよ、と厚生労働省が通達を出しています(詳しくは第四章で解説します)。

気心の知れた仲間内で、そのような話題で盛り上がることを全面的に否定はしませんが、少なくとも職場には、前述のような当事者の置かれた状況や、上司・部下、先輩・後輩、その他さまざまな仕事上のつながりや権力関係があります。小規模であっても実質的に半ば強制ともなり得る飲み会などで、このような話題で盛り上がることは、セクシュアルハラスメントにつながるとともに、性的指向・性自認に関する侮辱的な言動として、パワーハラスメントにもなり得るものです。

パターン22　とりあえず女装すれば飲み会が盛り上がると思う人たち

会社の社員旅行や歓送迎会などで行われる代表的な出し物の一つが、男性社員による「女装」でしょう。なぜ女装が出し物の案として採用されやすいかを考えると、おそらくは男性が女装をするというのが〝非現実的〟であるだけでなく、〝奇妙〟で〝気持ち悪い〟、だから〝面白い〟と思われるからではないでしょうか。

こうした考えの背景には、トランスジェンダー嫌悪（トランスフォビア）という、トランスジェンダーに対する蔑視や差別があります。日本でも、いくつかの調査によって、トランスジェンダーへの嫌悪感を抱く人が一定割合いることが報告されています。

もし、女装を面白がっているその場にトランスジェンダーであることを隠して働いている当事者がいたら、女装に対して「気持ち悪い」という笑いが起きているのを見て、ここでは自分がトランスジェンダーであることを伝えられるとは到底思えないでしょう。

女装企画がトランスジェンダーの存在を揶揄するようなものであることは弁解の余地はないと思いますが、同時に、シスジェンダーの男性が「女装」をすることは、端から見ると男性同性愛者を想起させることがあります。そして、これをあえて否定することで笑いが起きる——いわゆる「お前ホモかよ」「違いますよ〜」みたいな流れですね。

このようにシスジェンダーの男性が「女装」をすること自体を〝奇妙〟だと感じ、〝気持ち悪い〟などと笑いが起きるということには、トランスフォビアの他にも要因がありそうです。

ここで、「ホモソーシャル」という概念から考えると、女装企画の別の側面を読み解けます。*2

「ホモソーシャル」は「男同士の絆」ともいわれますが、「女性蔑視（ミソジニー）」と「同性愛嫌悪（ホモフォビア）」を背景に成り立つものです。男性の女性に対する優位性を保つための男性同士の強い結び付きは、社会の至る所で見られるものですが（会議が黒いスーツで埋め尽くされる様を連想すると良いでしょう）、ともすれば性愛と混同されるリスクを負っています。そこで、同性愛者を排除し、自分たちが同性愛者ではないとアピールすることによって、その結び付きの強さや尊さを強調する、これが「ホモソーシャル」です。

女装企画は、女装をする男性、すなわち同性愛者（昔から同性愛者と異性装は混同されがちです）を笑うことによって、自分たちの結び付きを強くする儀式の一つ、ということができるのです。

ですが、ここで言いたいのは、「だから全ての異性装企画はやってはいけません」ではありません。

例えば、歌舞伎や宝塚歌劇団などでは、異性装――女装や男装というのは表現として取り入れられています。他にも、テレビで活躍するオネエタレントの中には「ドラァグクイーン」というパフォーマーの方々もいます（ドラァグクイーンは、ステレオタイプな女性性を過度に演出することでパフォーマンスを行う人のことを指します）。

このような例に共通していることは、前述の「女装企画」のように、トランスフォビアやホモソーシャルを背景としたもの、すなわち「気持ち悪い」をオチとするような差別的なものではなく、規範への反抗や挑戦、語弊を恐れずに端的にいえば、既存の「男らしさ」「女らしさ」にとらわれない、さまざまな性のあり方が表現され、分かち合えるところと言えるのではないでしょうか。

もし会社の女装企画が「気持ち悪い」というオチではなく、多様性にひらかれた、肯定的に評価されるような企画であれば、誰も傷つけることはありません。むしろ、どんな人でも「異性装」を楽しめるような社会になることはセクシュアルマイノリティにとっても生きやすい社会につながるのではないでしょうか。

コラム③　ＬＧＢＴと炎上事例

セクシュアルマイノリティをめぐる報道の増加に伴い、「炎上」事例も増えていきました。特に、政治とメディアの領域でＬＧＢＴに関する炎上事例を、いくつか振り返りたいと思います。

政治家の発言については、例えば二〇一五年三月に、自民党の柴山昌彦議員がテレビ番組で「同性婚は少子化に拍車がかかる」と発言。同性婚が法制化されても異性愛者が同性婚を強制されるわけではないので、同性婚と少子化に関連性はありませんが、この「少子化につながる」という考えは、まだまだ根強く残っています。

他にも、二〇一六年三月には、新潟県三条市の西川重則《しげのり》市議が「おかま」を「支援する必要はない」「正常な形でない」と発言。二〇一七年一一月には、自民党の竹下亘《わたる》議員が、宮中晩《ばん》餐会《さんかい》への同性パートナーの参加は「日本の伝統には合わない」、二〇一八年七月、自民党の谷川とむ議員はインターネット番組で「（同性愛は）趣味みたいなもの」と発言。二〇一九年一月には、自民党の平沢勝栄《かつえい》議員が、集会で「この人たち（ＬＧＢＴ）ばっかりになったら国はつぶれちゃうんですよ」と発言するなど、炎上発言は頻発しています。

パターン2でも触れましたが特に批判を集めたのは、二〇一八年七月、自民党の杉田水脈議員が雑誌「新潮45」に寄稿した文章の中で「LGBTは生産性がない」と書いたことでしょう。自民党本部前や新潮社前でのデモにも発展し、結果的に「新潮45」は休刊となりました。

メディアの報道や放送に対する炎上も続いています。

二〇一七年九月、フジテレビ「とんねるずのみなさんのおかげでした」三〇周年記念のスペシャル番組で、石橋貴明《たかあき》氏扮《ふん》する「保毛尾田保毛男《ほもおだほもお》」というキャラクターが登場。「ホモなんじゃないの?」という質問に対し「ホモじゃなくて、あくまでも噂なの」と返すネタを放送し、物議を醸しました。LGBTの当事者団体もフジテレビに抗議し、最終的にフジテレビの宮内正喜社長（当時）が謝罪するに至りました。

二〇一九年五月には、読売テレビのニュース・情報番組「かんさい情報ネットten.」で、見た目で性別がわかりづらい一般の人に対し、リポーターが保険証を提示させたり、胸を触ったりするなどして男性と確認する企画を放送し炎上、同年一二月には、BPO（放送倫理・番組向上機構）が「放送倫理違反があった」として意見書を公表しました。

さらに、二〇一九年一一月、テレビ山口で放送された情報バラエティ番組「週末ちぐまや家族」で、出演者のタレントが地域で出会ったセクシュアルマイノリティの性別を確認し、放送について本人確認をしないまま「珍 女性のような男性」とテロップを付けて放送。多くの批判を呼びました。

二〇二〇年二月には、映画「バイバイ、ヴァンプ！」という作品に対してインターネット上で批判が集まりました。映画は吸血鬼に噛《か》まれると同性愛が感染するという設定で、映画の中でも、「学校中、街中が同性愛の街になってしまう」「あいつは正真正銘のホモだ」「俺は死んでもソッチにはいかない」「尻を狙われている」「（女性同士のキスに対して男子生徒が）レズっていいよな」などの偏見に満ちたセリフが多々見受けられましたが、そもそも「同性愛は性欲」で、「異性愛が本当の愛」とする構図や、噛まれると感染していくという設定自体が差別的であり、私（松岡）も、このことについて指摘する記事をYahoo!ニュースに寄稿しました。*3

このように、セクシュアルマイノリティをめぐる政治家やメディア領域での「炎上」事例は留まるところを知りません。こうした事例を受けて、ＬＧＢＴ法連合会を中心に、一般社団法人fairや有志の記者と共に「ＬＧＢＴ報道ガイドライン」を作成しました。政治家やメディアには、基本的な知識やセクシュアルマイノリティを取り巻く現状について十分に把握した上での発言や放送を期待したいものです。

第四章　「ＳＯＧＩハラ・アウティング防止」法とは

SOGIハラスメント、アウティング防止が法制化

さて、ここまでさまざまな勘違いのパターンを解説しました。「なんだかいろいろと面倒だなあ」と思われた方もいらっしゃるかもしれません。本書をパタンと閉じて、面倒なことは綺《き》麗《れい》さっぱり忘れ、気分新たに明日に備えよう……そうはできないのが今回のハラスメント防止の法制化です。

二〇二〇年六月から、大企業等と全ての自治体を対象に、パワーハラスメント防止を規定した「パワハラ防止法」が施行されました（中小企業は二〇二二年四月から施行）。ここで「あれ？パワーハラスメント？　SOGIハラではないの？」と思われる方もいるかもしれません。このあたりはややこしい説明が必要なので詳細は後ろに回しますが、結論からいうと、「このパワーハラスメントにSOGIハラやアウティングも含まれている」というように解釈されることが決まっています（なお、ハラスメント対策については、そもそも労働契約法五条に基づき、使用者には安全配慮義務があり、判例からもハラスメント行為に対する職場環境配慮義務を負うこととなっていますが、今回は具体的な防止措置義務が加わったという整理になります）。

順を追って見ていきましょう。パワハラ防止法は、第三十条の二で、パワーハラスメントに

関連して、次のように定めています。

第三十条の二
事業主は、職場において行われる優越的な関係を背景とした言動であつて、業務上必要かつ相当な範囲を超えたものによりその雇用する労働者の就業環境が害されることのないよう、当該労働者からの相談に応じ、適切に対応するために必要な体制の整備その他の雇用管理上必要な措置を講じなければならない。

少し法律的用語も入って難しいのですが、要は「パワハラが起きないように、相談に適切に応じるとか必要なことをやってください」というようなことが書かれています。しかし、「必要なこと」とは一体何なのか、というのは法律本文には書かれていません。この「必要なこと」の中身は、第三十条の二の3項で「指針」に定めるとしています。

この指針は「事業主が職場における優越的な関係を背景とした言動に起因する問題に関して雇用管理上講ずべき措置等についての指針（以下『パワハラ防止指針』という）」として厚生労働省の審議会で取りまとめられ、既に示されています（本書の巻末に一部掲載しています）。

この厚生労働省の審議会は、労働政策審議会雇用環境・均等分科会というところです。「公益代表」である研究者や弁護士、「労働者の代表」である労働組合、「使用者の代表」である経済団体や企業の三者で構成されており、指針はここで審議された上で、パブリックコメントに付され、その後の二〇一九年一二月二三日に三者が合意、実質的に確定し、二〇二〇年一月一五日に告示されています。

この指針に示されたパワーハラスメントの内容に、本書のテーマである性的指向・性自認に関するハラスメント（いわゆるＳＯＧＩハラ）や、性的指向・性自認の望まぬ暴露（いわゆるアウティング）が含まれました。つまり、ＳＯＧＩハラもアウティングもパワーハラスメント、ということが決められたわけです。

「なぜパワーハラスメントの法律でＳＯＧＩハラ？」という疑問は、これで解消されたでしょうか。とはいえ、世間一般でイメージされるパワーハラスメントとは少し遠い、違うイメージになっているかもしれませんね。そこで、パワハラ防止指針ではどのような内容がパワーハラスメントになるとされたのか、少し見ていきたいと思います。

何が「パワーハラスメント」にあたるのか？

パワハラ防止指針には、主に「職場のパワーハラスメントの内容」と、「各事業主が何をしなければならないのか」という二つのことが書いてあります。

このうち職場のパワーハラスメントの内容について、パワーハラスメントとは、次の三つの要素を全て満たすものだと指針はいっています。

①優越的な関係を背景とした言動
②業務上必要かつ相当な範囲を超えたもの
③労働者の就業環境が害されるもの

このうち「①優越的な関係を背景とした言動」の「優越的な関係を背景とした」の部分は、いわゆる「パワーハラスメント」の「パワー」にあたる部分となります。ただ、一般的に想定される「パワー」、すなわち「上司から部下」による言動だけでなく、同僚や部下による言動であっても、「業務上必要な知識や豊富な経験」があることから、「協力を得なければ業務の円滑な遂行を行うことが困難」である場合には、優越的な関係が成立すると指針に例示されています。他にも、「同僚又は部下からの集団による行為で、これに抵抗又は拒絶することが困難」

である場合も、成立するのだとしています。これらはあくまで例であり、これ以外でも「抵抗又は拒絶することができない蓋然性が高い関係を背景として行われる」場合は、「優越的な関係を背景」としたことになるのだと、パワハラ防止指針は示しています。

つまり、スキルや経験に差があることなどから、仕事をする上で（向き合うことから）逃げるのが難しい関係性であれば、同僚からであろうが部下からであろうが、「パワーハラスメント」の「パワー」が成立し得るといって良いかと思います。世間のイメージする「パワー」とはちょっと違うことがおわかりいただけるでしょうか。場面が変われば、状況が変われば、どのような関係性（上司はもちろん同僚や部下でも）であってもパワーハラスメントになり得るといえるわけです。

なお、「優越的な関係を背景とした」の後に続く「言動」には、「言葉」だけでなく、仕草などの「動作」も入ることに注意が必要です。

次の「②業務上必要かつ相当な範囲を超えたもの」ですが、これは仕事上必要かどうかを見るということで、さまざまな要素から総合的に考慮されると示されています。

ただ、本書のテーマである「性的指向・性自認」に関するハラスメントについては、国会で政府が「性的指向、性自認に関する言動というのは業務上必要のないものでございます」と繰り返し述べています。つまり、性的指向や性自認に関する言動がパワハラかどうかを考えるにあたっては、一つひとつを考慮するまでもなく業務上必要かつ相当ではないと判断されると考えられます。

最後の「③労働者の就業環境が害されるもの」については、言葉の通り、言動で身体的または精神的な苦痛が与えられ、働く環境が害され、仕事への支障が出るものであるといっています。この時、どのような言動が「就業環境を害す」のかは、「平均的な労働者の感じ方」が基準にされると指針は示しています。何が「平均」なのか、これまた謎めいてしまうのですが、要は客観的に見て、ハラスメントにあたるか否か、という点が問われるようです。

ここで読者のみなさんの中には、頭に「?」が浮かぶ方がいるかもしれません。「ハラスメントって受けた人がハラスメントって言ったら／思ったらハラスメントになるのでは?」「ハラスメントは受けた側の主観で決まるのでは?」といった疑問が湧き上がる方もいらっしゃるのではないでしょうか。

実は、この「主観」に関するところが、似たような法律である、セクシュアルハラスメントに関する法律と、今回のパワーハラスメントに関する法律の違いの一つとなっています。セクシュアルハラスメントについては、労働者の主観を重視しつつ一定の客観性が必要とされており、あくまで先に重視されるのは「主観」であるとしています。これに対しパワーハラスメントは、業務上必要な指導などとハラスメントの線引きが難しいという議論が審議会などで繰り返されたこともあり、まず客観性が問われ、その上で「相談を行った労働者の心身の状況や当該言動が行われた際の受け止めなどその認識にも配慮しながら」判断されるものとして、主観が後ろに回っています。「その違いがあるとしても主観が大事では」という声が聞こえてきそうですが、実際の現場における判断にあたっては、この先にくるか後にくるか、といった違いが、懲戒処分などの際の判断を左右することもあるようです。

ただ、私見ですが、性的指向・性自認に関するハラスメントについては、「②業務上必要かつ相当な範囲を超えたもの」の関連で国会において指摘されているように、そもそも業務を遂行するにあたって、性的指向や性自認、どの性別に惹《ひ》かれるか、自分をどの性別だと認識しているかということを用いて、就業環境を害する必要性は、全くありません。この点はしっかりと押さえておくべきでしょう。また、業務との線引き云々が馴染まない言動である以上、主観と客観の位置付けは、どなる、机を叩《たた》くなどの典型的なパワーハラスメントとは異なるものと考えても良いのではないでしょうか。

このような三つの要素を踏まえた上で、代表的なパワーハラスメントの言動の類型として、次のような六類型に分けて典型例が示されています。

- 身体的な攻撃（暴行・傷害）
- 精神的な攻撃（脅迫・名誉棄損・侮辱・ひどい暴言）
- 人間関係からの切り離し（隔離・仲間外し・無視）
- 過大な要求（業務上明らかに不要なことや遂行不可能なことの強制・仕事の妨害）
- 過小な要求（業務上の合理性なく能力や経験とかけ離れた程度の低い仕事を命じることや仕事を与えないこと）
- 個の侵害（私的なことに過度に立ち入ること）

「身体的な攻撃」や「精神的な攻撃」は比較的想像しやすいかもしれません。「殴る」とか、「叱責する」などが該当する、というのは想像に難くないかと思います。また、「人間関係からの切り離し」も「無視」などの職場のいじめとしてたまに報道されることがあり、想起されやすいものといえるでしょう。

他方、「過大な要求」は仕事の与えすぎ、「過小な要求」は仕事を与えなかったり誰でもできる仕事をあえて管理職等にやらせる（シュレッダー係に専念させるなどが当てはまるといえるでしょう）といった事例が該当すると指針は示しています。

このような類型に対して、「個の侵害」はややイメージのしにくいものかもしれません。指針では、職場外での継続的な監視や私物の写真撮影などが挙がっていますが、これまでの厚生労働省の周知内容を見ると、交際相手について執拗に聞いたり、パートナーの写真を見せろと要求すること等が例として挙がっており[*1]、「プライベートへの過度な立ち入り」と言い換えることができます。

厚生労働省はこのような類型ごとに、パワーハラスメントに該当すると考えられる典型例を指針で示しています（ただし、これら該当すると考えられる例は、あくまで典型例に過ぎず、これ以外にもハラスメントとなる言動があり得る旨や、状況等によって判断が異なる場合もあると留保しています）。

この中で性的指向・性自認に関連しては、以下の例が明記されています。

・精神的な攻撃（脅迫・名誉棄損・侮辱・ひどい暴言）

人格を否定するような言動を行うこと。相手の性的指向・性自認に関する侮辱的な言動を行うことを含む。（傍線引用者。以下同じ）

・個の侵害（私的なことに過度に立ち入ること）

労働者の性的指向・性自認や病歴、不妊治療等の機微な個人情報について、当該労働者の了解を得ずに他の労働者に暴露すること。

このうち、「精神的な攻撃」に例示される「相手の性的指向・性自認に関する侮辱的な言動を行うこと」について厚生労働省は、二〇二〇年二月一〇日に「労働施策の総合的な推進並びに労働者の雇用の安定及び職業生活の充実等に関する法律第8章の規定等の運用について（以下『解釈通達』という）」を発出し、この中で「相手の性的指向・性自認の如何《いかん》は問わないものであること」としています。

つまり、その人がセクシュアルマイノリティであろうがなかろうが、性的指向・性自認に関する侮辱的な言動はパワーハラスメントにあたるとの見解を示したということになります。端的にいえば、セクシュアルマジョリティに対するSOGIハラも、ダメだ、ということです。これは、多数派であっても保護されるという意味合いとともに、カミングアウトしていない「マジョリティに見える」当事者、すなわちパターン5で述べたような「異性愛を装っている同性愛者」に対するハラスメントを防ぐ上でも欠かせないポイントです。パターン6で述べたように「うちの職場にはLGBTはいない」は通用しない、ということです。

なお、指針にこれ以外にもパワーハラスメントにあたる例があるとの留保が入っている通り、政府はパワーハラスメントにあたる前記以外の例を国会で答弁しています。

二〇一九年三月二五日参議院予算委員会において、政府参考人の小林洋司氏（当時の厚生労働省雇用環境・均等局長）は、「性的指向や性自認を理由に仕事から排除」することもパワーハラスメントに該当すると答弁しており、これは「人間関係からの切り離し（隔離・仲間外し・無視）」に該当する例と考えられます。

このように、指針に明記されていなくとも、パワーハラスメントとして法規制の対象となるSOGIハラはさまざまなものがありそうです。特に、「個の侵害」などは、第一章から第三章で紹介してきたように、プライベートなことが話しづらいセクシュアルマイノリティにとって、苦痛を受けやすいものとなります。「交際相手を執拗に聞く」「パートナーの写真を見せるように求める」のはもちろん、同性婚ができないなど制度上の前提が（本当は）異なるにもかかわらず、いわゆる「男性」に対して「結婚して稼ぐ」ことを前提としたキャリア指導を延々行う、といった例もあるようです（このような職場では、セクシュアルマイノリティのみならず、未婚者を出世させないことが慣習になっている場合もあります）。前章までの繰り返しになりますが、相手がそういった話題を嫌がっていないか、察知することはこれから一層重要になります。

ちなみに、文部科学省が二〇二〇年三月一九日にパワーハラスメントの防止法制の施行に向けて、全国の教育委員会に出した通知の概要において、パワーハラスメントの代表的な類型として、六類型に加えて、「パワーハラスメント」という言葉から想起しづらい「同僚・部下による言動」と「性的指向・性自認に関する侮辱的な言動や了承のない暴露」の二つが加えられていたことは、現場のパワハラ対応を考えるにあたっても参考となりそうです。

求められる対策：組織としてのハラスメント対応

新たなハラスメント法制は、一〇の措置義務（措置義務とは、定められた「措置」を実施する義務です）を企業をはじめとする民間事業主に課しています。以下、いわゆる会社組織としてやらなければいけないことを解説していきます。あくまで組織的な対応の解説となりますが、一社会人として、知っておいた方がいいことも、もちろん多く含まれます（とはいえ、組織的な話はいいという方は次の節一三九頁まで読み飛ばしてください）。

それぞれ一〇の措置義務は次のような内容となっています。

①職場のパワーハラスメントの内容、パワーハラスメントがあってはならない方針の明確化と周知・啓発
②パワーハラスメント行為者の懲戒規定等を定め、周知・啓発
③相談窓口を設置し、周知する
④相談に対し内容や状況に応じ適切に対応できるようにする
⑤事実関係の迅速かつ正確な確認
⑥（事実が確認された場合）被害者に対する配慮の措置を適正に行う
⑦（事実が確認された場合）行為者に対する措置を適正に行う
⑧再発防止の実施
⑨相談者・行為者等についてプライバシー保護を講じ、その旨を周知する
⑩相談者や事実確認の協力者の不利益取り扱いを禁止し、周知・啓発する

※これらは筆者（神谷）が指針の内容を要約し、記載順に①～⑩の番号を付したもの。指針の詳細については巻末資料参照のこと

なんだかズラッと並んでいて「あれもこれもやらなきゃいけないのか」と嘆息する人事関係者がいらっしゃるかもしれません。ただ、よくよく見てみると、これらは既に法制化され、人数規模を問わず企業等の事業主に措置義務が課されているセクシュアルハラスメント防止対策や、マタニティハラスメント防止対策等とほぼ同じ内容となっています。そのため、企業等によっては、既に同様の規定でパワーハラスメントについても社内で規定化していたり、相談体制等を整備されている場合も少なくないかもしれません。

しかし、「では新しいことは何もやらなくていい」ということではありません。繰り返しになりますが、今回の法制化の大きなポイントの一つは、性的指向・性自認に関する事項であり、アウティング対応です。

そのあたりを、措置の内容一つひとつを見る中で、特に本書のテーマである性的指向・性自認に関するハラスメント対策の観点から、検討してみたいと思います。

①職場のパワーハラスメントの内容、パワーハラスメントがあってはならない方針の明確化と周知・啓発

①は、組織内の就業規則等（地方公務の場合は要綱や方針等）、もしくは就業規則とその委任を受けたガイドラインなどに、何がパワーハラスメントにあたるのかを示し、それらのハラスメントを禁止する規定を置き、その規定を周知・啓発することを求めています。

ここで、落とし穴となりやすいのは、一般社会で、性的指向・性自認に関するハラスメントがパワーハラスメントであるという認識がまだまだ広がっていない点です。そのため、既にパワハラの規定を整備している企業等においても、ＳＯＧＩハラに関する規定が抜けているということは少なからずあるのではないでしょうか。まして、性的指向・性自認等の機微な個人情報を本人の同意なく暴露する、いわゆる「アウティング」についてまで、パワーハラスメントであると規定しているところは、ほとんどないように思われます。

そのため、既に規定を定めている場合でも、改めて点検し、ＳＯＧＩハラ、アウティングがパワーハラスメントであると就業規則等に明記するとともに、これらを禁止する必要があります。なお、指針では、アウティングとパワーハラスメントのイメージ上の距離を意識してなのか、わざわざ「プライバシー保護の観点から、（略）機微な個人情報を暴露することのないよ

う、労働者に周知・啓発する等の措置を講じることが必要」と、特記されています。つまり、アウティングを起こさないように、プライバシー保護の観点からの周知・啓発を求めているということです。これも措置義務の範囲内として、忘れずに取り組むことが必要です。

②パワーハラスメント行為者の懲戒規定等を定め、周知・啓発

セクハラやマタハラなどと同じように、パワーハラスメントについても懲戒規定を定めるよう指針は義務付けています。この時、SOGIハラやアウティングもパワーハラスメントの一部になるわけですから、これらも懲戒の対象であることがわかるようにすることが求められます。懲戒も、反省文を書かせるような「けん責」という比較的軽いものから、「出勤停止」、「懲戒解雇」といった重いものまで、さまざまな段階があります。それぞれ、繰り返し同じことがされたのか、あるいは法律で禁止されている、相談や訴えに対する「報復」に関連して行われたのかなど、状況によっても対応が異なることになるかと思います。いずれにせよ、各事業主で基準を定め、対応することが義務となっています。加えて、このような規定を定めたことについて、職場で広く周知・啓発することが定められています。

③④相談窓口を設置し、周知する＆相談に対し内容や状況に応じ適切に対応できるようにする

③は相談窓口を設置するというものですが、ハードルが高いのは④とセットになっているということです。④では相談の内容や状況に応じて適切に対応できるようにすると明記されています。また、解釈通達にも、「一律に何らかの対応をするのではなく（略）事案に即した対応を行うことを意味するものであること」とあります。さらに、④のところで指針に「相談者の心身の状況や当該言動が行われた際の受け止めなどその認識にも配慮」と記載されていることについて、解釈通達では「相談者が相談窓口の担当者の言動等によってさらに被害を受けること等（いわゆる「二次被害」）を防ぐための配慮も含まれること」と明記しています。

このような規定を踏まえれば、当然にＳＯＧＩハラやアウティングについても、その内容や状況に合わせて、一律な対応ではなく、事案に即した対応が求められることとなります。つまり、相談を受ける担当者が「性的指向」や「性自認」、あるいは「ＬＧＢＴ」や「セクシュアルマイノリティ／マジョリティ」といった言葉の意味はもちろん、ＳＯＧＩハラやアウティングがどんなものかもわかり、かつ二次被害を防ぐための配慮も含めた対応ができる、というところまでが義務として求められているというわけです。いかがでしょう、この章の冒頭で、パタンと本書を閉じるというわけにはいかない、と言った理由の一端がおわかりになったことと

思います。きちんと義務に対応するためには、「この本の内容くらいは朝飯前！」な勢いでの学習が必要になるというわけです。

なお、指針では、パワーハラスメントにあたるか微妙な場合や、発生の恐れがある場合でも、広く相談に応じ、適切な対応をすることを求めています。

このような義務への対応が求められる例として指針は、あらかじめ作成した留意点などを記載したマニュアルに基づいた対応や、相談窓口の担当者への研修の実施などを例示しています。ただ、相談窓口自体は外部機関に委託することも③で例示されているため、自組織での対応が難しそうな場合は、外部の専門機関に対応を委ねるのも選択肢の一つといえます。

⑤事実関係の迅速かつ正確な確認

事実関係を確認するにあたっては、その確認する担当者がＳＯＧＩについての基礎知識や、ＳＯＧＩハラやアウティングに関する知識を持っていることが必要となります。何がＳＯＧＩハラやアウティングなのかがわからないのに事実確認を行うことはできないからです。加えて、事実確認の過程でアウティングが引き起こされることも懸念されます。例えば、人目に付くところでヒアリング対象者と大きな声で確認作業を行う、といったことは言語道断なわけですが、そうした基本的なことに加え、被害者と加害者以外の第三者に「『Aさんが実はレズビアン』であるということを耳にしましたか」と、何の背景説明もなく聞いてしまうと、まさにアウティング行為、機微な個人情報の暴露をさらに広げてしまうわけです。

こうしたことから、調査担当者はもちろん、調査委員会のメンバーも含めて、性の多様性やSOGIハラ、アウティングに関する基本的な知見を持っていることが不可欠になります。

⑥⑦（事実が確認された場合）被害者に対する配慮の措置を適正に行う＆行為者に対する措置を適正に行う

⑥と⑦はハラスメント被害が起こった後のいわゆる「事後対応」にあたる部分となります。ハラスメントの事実が確認された場合は、⑥と⑦に定められている、被害者へのケアや、加害者への対応など、必要な措置を講じることを指針は求めています。基本的な対応は指針が定めている通り、被害者のメンタルヘルスへのケアや、加害者の謝罪などが挙げられます。

被害者のメンタルヘルスの観点からの管理職や産業保健スタッフの相談対応は、指針にも記載があり、多くの人が想定しやすいものですが、管理職はもちろんのこと、産業保健スタッフがSOGIについてあまりよくわかっていないというケースも散見されるようです。あらかじめ、産業保健スタッフがＳＯＧＩに関する知見を有しているかを確認し、必要に応じて研修やマニュアルの共有などの対応を行うことが考えられます。

また、指針にも記載があるように、被害者と加害者を引き離すために、異動という手段が取られることもあります。この時よく行われがちなのは、「落ち度がない被害者を飛ばしてしまう」ことです。もちろん、本人がそのように望んだ場合は別ですが、原則的には被害者の生活を変えるのではなく、加害者の方を異動させるのが筋だということは、押さえておきたいポイントです。

加えて、加害者対応において気を付けたいのは、加害者にＳＯＧＩハラやアウティングに対する認識が不十分な場合があるということです。「ＳＯＧＩハラって何？　俺そんなことしてないよ」「差別したりする意図はなかった」「アウティング？　善意だったんだよ？」」等々の言い分は、本書第一章から第三章までをご覧になれば、成り立たないことがおわかりいただけるかと思います。ぜひ本書の内容などを参考に、ＳＯＧＩハラやアウティングがなぜ危険なのかをまとめた資料などを作成しておき、加害者を生み出さないためにも十分な事前周知を図るとともに、事後の加害者対応にも活用すると良いでしょう。

一方で、加害者のプライバシー保護が必要である点も見落とされがちです。ＳＯＧＩハラ案件では、稀《まれ》に加害者もセクシュアルマイノリティ、というケースがあります。加害者が自分から偏見や差別の目をそらすために、あえて別の当事者に対してハラスメントを行う、もしくはセクシュアルマイノリティであるとレッテルを貼るなどして攻撃するということが実際に起こっています。この点指針では、加害者や、事実確認に協力した第三者も含めたプライバシーを守るよう後段で規定しています。加害者だからといってその個人情報を粗雑に扱い、アウティングして良いわけでも、そのリスクを招いて良いわけでもないことに留意しましょう。

なお、被害を受けた行為がアウティングであった場合は、早急にアウティングされた範囲を確認し、被害者と共有する必要があります。一般的な情報漏洩《ろうえい》などの事案でも、漏洩した範囲を確認し、被害者と情報共有するのは当然のこととして行われていますが、機微な個人情報の対応でもこれは重なる部分です。被害者にとっては、自分の知らない範囲で、勝手に情報が暴露されていることこそが恐怖につながります。なぜなら、自分の予想だにしないところから、生活を破壊される危険が潜んでいるということになるからです。そのため、暴露された範囲を本人と共有することがとても大事になります。その範囲を確認の上で、アウティングされた情報がそれ以上広まらないよう、アウティングされた範囲の人に対して、それ以上のアウティングを起こさないよう、その行為の危険性も含めて周知し、対応することが求められます。

このようなアウティングの事後対応を怠ってしまうと、コラム④（一五八頁〜）でも紹介されているように、瞬く間に機微な個人情報が駆け巡り、気が付いたら社内中あるいは地域中の関係者に機微な個人情報であるSOGIがアウティングされており、そのことを知らぬは当事者一人だけ、という事態も引き起こしかねません。このような事態を防ぐためにも速やかな事後対応が必要ですし、当事者としても、広まりきってからアウティングについて知るのと、まだ暴露の範囲が少ない段階で知るのとでは、いうまでもなくダメージに大きな差があります。

⑧再発防止の実施

その名の通り、再発を防止するために周知・啓発することが求められています。その際に懸念されるのは、SOGIハラやアウティング被害が起こった際の再発防止として、特定の部署のみに特定の課題の対応を行うこと、例えばSOGIハラの研修を特定部署のみに実施することです。このような対応は、「そこでSOGIハラがあったから研修をやっているのだな。ということはもしかしてあの部署に当事者がいるのかな？」など要らぬ憶測を呼んでしまうことが考えられます。

そのため、できるだけ組織全体で、テーマを絞りすぎずに行うことが重要になります。[*2]

⑨相談者・行為者等についてプライバシー保護を講じ、その旨を周知する

指針では、性的指向や性自認等の機微な個人情報もプライバシーに含まれると特記されており、対応が求められています。保護措置としては、マニュアルの整備と、それに基づいた対応などが挙げられています。

こうした措置は、規定整備から、相談対応、事後対応など①〜⑧と併せて講ずべきと位置付けられており、各段階での取り組みが必要となります。⑦のところで紹介したように、被害者だけでなく、加害者や事実関係の確認に協力した人たちに対しても講ずることが必要となります。

職場全体の個人情報の取り扱いについて、今回指針に規定された内容を中心に一度見直し、企業内でマニュアル化することが重要になります。この時、既に紹介してきたような指針が求めるハラスメント防止施策においてプライバシー保護が必要となることはもちろんですが、後述するような、既にある人事制度によって、アウティングが起こりやすくなっている仕組みへの対応も視野に入ってきます。

例えば、性別欄に関する各種名簿のデータの運用管理が杜撰《ずさん》だと、アウティングを招きやす

い点や（詳しくは一五三頁参照）、同性パートナー関連制度が、多くの場合、カミングアウトが利用にあたっての事実上の要件となっていることによって、機微な個人情報を晒《さら》さなければならない、もしくは申告された情報の運用管理が杜撰で流出しやすいなど、制度面の課題も挙げられるためです。

⑩相談者や事実確認の協力者の不利益取り扱いを禁止し、周知・啓発する

ハラスメント被害を訴えたことによる異動や解雇などの不利益取り扱いの禁止は、不利益取り扱いに限らず、今回の指針により就業規則で禁止されるハラスメントの範囲にある、アウティング等によっての報復が起こらないよう、重ねて規定に明記しておくことが考えられます。アウティングによる報復が致命的となることは、ここまで述べてきた通りです。

地方公務員等のハラスメント法制の適用

法律の内容を踏まえた上で、誤解の多い、地方公務員のハラスメント防止法制の適用についても、ここで一つ確認しておこうと思います。やや複雑な話となりますが、地方公務員のＳＯＧＩハラ、アウティング防止には欠かせない部分となるので、関係される方はぜひ読み飛ばさ

ずにお付き合いください。

重ねて言及している通り、改正労働施策総合推進法は、地方自治体にも適用されており、そのため、地方公務員、首長部局はもちろん、教育委員会管轄の教員や職員にも適用されます。しかし、現場ではそのような認識が限りなく薄いようです。私（神谷）が今回の法改正に関して「二〇二〇年六月から適用ですよね」と地方公務関係者に水を向けてみても、「（国家公務員へ適用される制度である）人事院規則はどうなっているのですか」「地方公務員には関係ないのではないですか」等の言葉が返ってくることが何回かありました。実はこうした傾向は、既に施行されているセクシュアルハラスメント法制でも見られるのですが、なぜなのでしょうか。

そもそも労働基準法をはじめとする労働に関する法律は、原則的に公務員には直接適用されず、企業などの民間領域にのみ適用されるものとなっています。しかし、今回の改正労働施策総合推進法のパワーハラスメントに関する規定や、既存の男女雇用機会均等法のセクシュアルハラスメントに関する規定については、例外的に地方公務員にも適用されることになっています。

その一方で、国家公務員の分野では、新たに制定された人事院規則10―16でパワーハラスメント防止を、今回一部改正された以前からある人事院規則10―10でセクシュアルハラスメント防止を規定しています。それぞれ二〇二〇年六月から施行です。

この状況を踏まえ、今回の法改正において地方公務員を管轄する総務省は、民間に適用される改正労働施策総合推進法が地方自治体に適用されるという通知を出しながら、後日、改正法が適用されることを前提に、規定ぶりについては人事院を参考にするよう別の通知を出しています。

おそらく以前のセクシュアルハラスメント防止法制の時も似たような対応だったのでしょう。私が見た限りでは、どの自治体のセクシュアルハラスメント防止規定も、人事院にならった形としているようです（ただ、その過程で独自解釈をしたのか、セクシュアルハラスメント防止法制について、本来適用の民間の法規定を満たさない自治体、例えば措置義務①の禁止方針を定めず注意義務になっているところ、努力義務に留まっているところも散見されます）。

ここに、SOGIについてはさらに複雑な適用関係が加わる、というのが次頁の図5で示している通りです。そうです、実は民間の規定と国家公務員の規定は微妙に異なるのです。そのため、民間でSOGIハラ・アウティングは「パワーハラスメント」なのですが、人事院では「セクシュアルハラスメント」であり、「パワーハラスメント」にもなる場合がある、という整理になっています。如何にも現場が混乱しそうな状況といえるでしょう（根本的には、この国に

図5

	「パワハラ防止法制」における SOGIハラスメント・アウティングの 位置付け	「セクハラ防止法制」における SOGIハラスメント・アウティングの 位置付け
民間企業・団体	○ SOGIハラとアウティングは 改正労働施策総合推進法に 基づき対応される	×
地方公務員（教職員含む）	○ SOGIハラとアウティングは 改正労働施策総合推進法に基づき 対応される 人事院規則10-16は直接適用されない （あくまで参考）	× 人事院規則10-10は直接適用されない （あくまで参考）
国家公務員	△ 明文規定はないが、 人事院規則10-16に基づき SOGIハラとアウティングは パワーハラスメントとしても対応される	○ 人事院規則10-10に基づき、 SOGIハラとアウティングは セクシュアルハラスメントとして対応される

人事院と均等法それぞれに「セクシュアルハラスメント」の定義が法制上あるというところから生じている問題です）。

とはいえ地方自治体が人事院だけにならって対応しているのであれば、以前から人事院規則でＳＯＧＩハラはセクシュアルハラスメントと規定されているので、もう既に地方公務員はちゃんとやっているはず、かといえば、私が見た限りそういうわけでもないようです。

一方、今回の改正で民間の

パワーハラスメントの規定を見て対応するのかといえば、ここまで解説したようにそれもわからない、というような状況に思えます。

率先垂範が求められる公務員ですから、ぜひとも法に基づく対応を適切に行ってもらいたいですし、複雑な適用関係の中での「悪いところ取り」、ではなく、「良いところ取り」で、高いレベルの対応を求めてもらいたいところです。

一人ひとりが意識すべきこと

組織的に義務付けられている今回の新しい法制度を踏まえて、一人ひとりが対応できるのはどんなことでしょうか。

いえることは大きく二つあります。一つは、語弊を恐れずにいえば、「ホモ／レズネタ」をはじめとするＳＯＧＩハラはもう法的にアウトであることが明確になったのだ、ということと、もう一つは、これまでと違い、性の多様性について興味・関心のある人だけが学び、対応するというものではなく、全ての人が知らなければならないことになった、ということです。

一つ目のＳＯＧＩハラやアウティングが法的に「ハラスメント」になったということは、セクハラなどと同様の位置付けになったということでもあります。これまで解説したように、社内で懲戒規定を定めることがセクハラと同様に義務となりました。

これまでは（今も？）、ある種の「ネタ」としてこのような話題、仕草が消費されてきた側面があったように思います。しかし、法制化された以上は、もう「ホモ／レズネタもちょっとくらいならいいか」ということにはなりません。

「なんでもかんでもハラスメントになったら、何も話せなくなる」という声も聞こえてきそうですが、そのように思った人は、ぜひ前章までで紹介した当事者たちの背景について読み返していただき、そもそもパターン20で紹介したように、既に特定の話題を制約され続けてきた人たちを思い起こしてみましょう。

それでも面倒だなと思う方は、例えば食物アレルギーについて考えてみてはいかがでしょうか。以前までは人々が食物アレルギーについてあまり意識しておらず、飲み会で安易にノリで勧められた食べ物が、場合によっては窒息死などにつながってしまうようなアレルギー反応を引き起こすことがありました。このような反省のもと、今日では一部アレルギー食材についての表示が義務付けられるなど制度が整い、飲み会や会食の前には「食べ物のアレルギーある？」と聞かれることも増えてきました。このような食べ物のアレルギーに対して「食べないなんてノリが悪い」と言う人は、さすがにいないと思いますし、「食べ物のアレルギーある？」

と聞くほどに気が回らなくとも、聞くこと自体に異議を挟む人はいないのではないでしょうか。

職場のハラスメント、SOGIハラも同じではないでしょうか。「ホモ／レズネタ」、あるいは下ネタに、それこそ「アレルギー反応」を示す人がいるわけですし、ひどい場合はメンタルヘルスを大きく害したり、訴訟事例等にあるように、自死未遂につながることもあります。*3

パートナーについて聞いても良いか確認し、相手の表情や態度に注意深くなり（もし聞いて良かったとして、「彼氏／彼女いるの？」と性別を特定せず「パートナーいるの？」という聞き方をする）、対応にワンクッションを入れるなど、これは日常的に私たちがやってきていることであり、SOGIハラ防止でもできないことはないはずです。

二つ目に、法制化することによって、必ずしもSOGIに興味のない人であっても、学び、対応することが必要となります。これまでは、外資系企業、あるいは大企業、一部の中小企業などが、SOGIに関心を寄せ、あるいは新たな「強み」としてSOGI施策に取り組んできました。ですが、これからは関心があろうがなかろうが、たとえ「強み」にならないとしても、法制度に基づいた対応が必要となります。

「興味も関心もないのにSOGIについて一から勉強するなんて……」と思われるかもしれません。しかし、法律が変わったり、税率が変わったり、社内のシステムが変わったり、あるいは異動するなどして、新たに学ばなければいけなくなることは、他にもたくさんあるのではないでしょうか。SOGIに関する物事も、このような学ばなければいけないラインナップに仲間入りした、ということです。人事・労務担当者はもちろん、社会人の最低限の教養としても、今後は必要になることでしょう。

こうした二つの点について、「そんなに劇的に変わるのかな?」との声があるかもしれません。しかし、セクシュアルハラスメントを例に考えてみると、一九九二年の労働省（現・厚生労働省）の「女子雇用管理とコミュニケーション・ギャップに関する調査」では、「性に関する不快な経験を少なくするための方策」について、女性からの回答で四四・二%と最も多かったのは「女子自身が毅然と対応をする」でした。しかし今では、加害者やそれを放置する企業に責任があるのであって、被害に遭う女性自身が対策を取るものではない、という認識がスタンダードになっています。この調査の数年後にセクハラ防止規定が男女雇用機会均等法に入ることによって、社会の意識は変わり、現在のような考え方が定着していきました。このように、制度は意識を、緩やかかもしれませんが、着実に変化させるのです。

もしSOGIハラを起こしてしまったら

注意深くなったとしても、ＳＯＧＩハラを起こしてしまうことはあり得ます。これはセクシュアルマイノリティであっても、例外ではありません。ＳＯＧＩハラを起こした場合に重要なことは、前節の「求められる対策：組織としてのハラスメント対応」のところでも挙げたように、意図せず引き起こした場合でも、何が問題だったかについて真摯に向き合い、考え、被害者に謝罪することです。

もし、被害者が何に傷ついているのかを理解することができず、「何が悪いのか」と思ったとしても、自分の言動のどこが問題であったのか、少なくとも知ることはできるはずです。しっかりと被害者（もしくはその代理人）の声に耳を傾け、早めに謝罪することが、物事を穏便に収める上で重要であることは、他のハラスメントと変わりありません。

「そんなこと言ったってクレーマーだっているじゃないか。何も悪いことをしていないのに〝ハラスメントだ！〟と騒ぎ立てられたら困る」と思われる方もいるかもしれませんが、もし本当にそのような「クレーマー」だったとしたら、謝った後に周囲が「謝ることはない」と言ってくれるのではないでしょうか（ただ自分や周囲が謝る必要がないといくら思っていたとしても、客観的に見たら不十分な対応であることもあります。いずれにせよ、被害者の心情や主張に向き合うことが大切です）。

カミングアウトされたら

なお、起こしてしまったことがアウティングである場合も考えてみたいと思います。アウティングを起こすということは、その前段にカミングアウトされている場合が多いと想定されます。

カミングアウトをされたということは、あなたが当事者に信頼されているということです。まずはカミングアウトを受け止め、信頼に謝意を表せるとより良いでしょう。また、カミングアウトしたからといって、何か対応や解決を求めているのではなく、信頼するあなたに話を受け止めてほしいというニーズも一定程度あります（ちなみに、私〈神谷〉が勤めていた時に、カミングアウトに対して最も好印象だったのは「何か困ったことがあったら何でも言ってくれ」と親身に繰り返し言ってくださった方でした。この時は、自分のデスクに戻った際、長年の肩の荷が下りたような感覚になり、この組織のためにがんばろうと強く思ったことを覚えています）。特に驚いたり、慌てる必要はありません。むしろ、過度に反応することは、当事者を不安にさせます。

その上で、もし可能であれば話を受け止めるだけでなくカミングアウトの内容を誰にどこまで話しているのか、どこまで話していいのかを聞くようにしましょう。

こうした対応は、SOGIに限らず、他のケース（妊娠をした、介護をしている、等々）でも共通するところが多いはずです。既に他のケースで実践されている人も少なくありません。

なおこの時、場合によっては外部も含めた相談窓口などを当事者に伝えることも重要です。

誰にどこまでカミングアウトをしているか、誰にどこまで話して良いのかを当事者に確認せぬままに第三者に話してしまうと、これはアウティングになります。

自分がアウティングしていない場合でも、アウティングされているところを見聞きすることもあるでしょう。

そのような場合は、前節の組織対応でも述べたように、アウティングされている範囲を確認しつつ、本人と共有し、本人同意のもと、アウティングの範囲が広がらないよう、場合によっては所属組織と連携しながら、慎重かつ着実に、さらなるアウティングを防ぐことが大事になります（もちろん自分がアウティングを起こした場合は、別途本人への謝罪が必要になります）。

もし、そこまでの行動ができないと仮にあなたが思ったとしても、SOGIハラやアウティングを見聞きした場合には、せめてその話題を打ち切るよう、話題を変えたり、気をそらしたり、お手洗いに席を立つなどの方法もあります。

適切な対応を行うことは、パターン14で紹介した一橋大学で起こった事件や、大阪で訴訟となったような自死未遂のケース（本章註3参照）を避けることにつながります。

残念ながらアウティングは、些細なものであればよく起こり得るものですし、セクシュアルマイノリティ同士でも起こり得ます。でもだからこそ、深刻な段階に至る前に、その都度適切な対応を取っていくことが必要です。

他の人事・労務制度に波及すること

さて、ここまでは、どちらかといえば「直接的な」ＳＯＧＩハラやアウティング対応の観点から見てきました。

以下では、制度自体が差別やハラスメントを引き起こすわけではないけれども、その制度の利用や運用にあたって、アウティングを引き起こすことにつながりかねない仕組みや場面について見ていきたいと思います。

●休暇・手当関連制度

一つは、休暇、手当や慶弔見舞金等の給付に関わるところです。

最近は、各種休暇や手当について、慶弔休暇、慶弔金、一歩進めて育児や介護関連制度の適用対象を、同性パートナーにも広げるケースが増えています。少し前までは、どこかの企業がこのような制度を導入するたびに、ニュースを賑わせていました（今はあまり目にしませんが、ニュースにするほど目新しくなくなったということかもしれませんね）。どのような制度があるのかについては、第五章で詳しく言及したいと思います。

ただ、いずれの制度を導入するにあたっても、制度の利用が、実質的にカミングアウトを要件としていたり、アウティングの見えない落とし穴となるなどして、制度利用を妨げる場合があります。同性パートナー関連制度を利用すると表明すれば、それすなわち利用者はセクシュアルマイノリティ、ということになるからです。

当たり前といえば当たり前のことですね。しかし、この当たり前のことが前提になるということは、制度の利用が、そのままパターン5などで示したようなカミングアウトのリスクを引き起こすということでもあるのです。

そこで登場した考え方が、既に不妊治療関連の制度などで試みられていた、人事の決裁のみによって、制度の利用を可能にするという仕組みの利用で、電子決裁などで行うことが多いようです。これは、人事にのみ制度利用にあたっての事由、もしくは利用する制度の名称が伝わるため、部署内の決裁、すなわち実質的なカミングアウトを伴わずとも制度を利用できる仕組みとなります。

この時、職種によっては「管理職の立場からすると事由がわからずに休まれるので、現場が回らなくなるではないか」というツッコミをされることがあります。

ただ、そのような指摘に対しても、既存の休暇制度の事由を広げたり、「積立休暇」(例えば年休の失効分を積み立て、さまざまな用途に使えるようにしている企業等があります)のような利用事由の広い制度に位置付けるという方法は考えられるのです。既に「ファミリーサポート休暇」のような名称で、結婚・出産・育児・介護・不妊治療などに幅広く使える制度を設けている企業もあります。この場合の「ファミリー(家族)」も「住民票で同居が確認できる人」とすることも考えられるはずです。このような制度にSOGI関係の事由を含めれば、「セクシュアルマイノリティだから休んだのか」とはならず、「家族関係のことで休んだのか」としか思われないですし、それ以上詮索する必要もないはずです。いわゆる「積立休暇」の活用についても同様のことが言えるでしょう。このような制度の事由には、同性パートナー関連制度のみならず、いわゆる「性同一性障害」における性別適合手術やホルモン治療に関連して利用できるようにしている企業もあるようです。

いずれの場合でも、職場環境やその組織風土によっていろいろと工夫の余地があるのではないかと思います。また、ここまで述べてきたように、このような工夫は、別にＳＯＧＩに関連するものだけでなく、さまざまな事由、さまざまな機微な個人情報をめぐる偏見や差別に関連して、使いやすくする方法と位置付けられます。業務の進め方や分担のあり方なども含め、職場環境を改善していくために、ぜひ一度検討されることをおすすめしたいと思います。

●性別情報の扱い

休暇・手当関連の課題の他にも、性自認に関連するテーマとしての性別欄や名前についての各種ＩＤや名簿等における対応もポイントとなります。

既に性同一性障害者の性別の取り扱いの特例に関する法律が日本では制定されており、在職中の法律上の性別（戸籍や住民票の性別）の変更はいつでも起こり得る状況となっています。[*4] 要件の一つとして挙げられている性別適合手術の一部に対しては、二〇一八年四月から保険も適用されるようになっています（ただ、保険の適用範囲が極めて狭いことに対して批判の声が上がっています）。

性別そのものではなく、「姓名」の「名」の方を、いわゆる男性的な名称から女性的な名称に変更、女性的な名称から男性的な名称に変更するケースも見られます。例えば、「太郎」を

「華子」に変更したり、「華子」を「太郎」に変更するということですね。裁判所などで手続きを踏めば、このような「名」を変えることは既に可能となっています。また、そこまでいかなくとも、日常生活において「名」は性自認に合った通称のものを使いたいというニーズもあり、対応している企業もあるようです。

このような性自認に関わる、既存の登録された性別や名称の変更においては、そもそもどの書類に性別欄があり、名称を変更するもしくは通称名を用いる場合があるのか等を前もって確認しておくことが重要です。場合によっては、旧姓使用など「姓名」の「姓」を変える場合や何らかの理由で「ビジネスネーム」の使用を認める場合とともに、書類を一覧化したり、あらかじめルールとして規定化する例もあるようです。一方そのような「ビジネスネーム」は良いのに、トランスジェンダーの通称名使用を認めないのは不当な差別的取り扱いといえます。

ただ、この際気を付けなくてはならないのは、そのように変更した、性別や「姓名」の「名」の変更履歴等は、性自認に関わる機微な個人情報として、取り扱いに細心の注意が求められるということです。

もちろん、変更時には周囲の人に対する説明が必要な場合もあるでしょうし、それらの変更前後に差別的な対応をしないことの周知や規定化も求められるでしょう。ただ、それだけではなく、人事情報に登録された性別や名前の変更等の履歴をどのように取り扱うのか、誰がアクセスできるようにするのか、アクセスできる人には機微な個人情報であるという認識を持ってもらう、こうしたところも重要になります。情報へのアクセスにあたっては、他の秘匿性の高い人事情報と同じように、第三者がいたずらに知ることができないよう、情報にアクセスする際の手順や権限を厳格に定めておくことが必要となります。アクセスできるのは本人の同意を得た人に限ることなどはもちろんですが、その人の性別欄だけをブロックすることで、実質的に性別適合手術が行われたことや、「名」を変更したことがわからないよう、全体の仕様から考えることも必要となるでしょう。運用にあたってはマニュアルを整備し、担当者に研修などを行うことも考えられます。

なお、性別に関連する情報としては、母性保護関係の書類の通知文書や、年金や健康保険の手続き時における性別欄など、法定の性別欄も含んだ文書様式との板挟みになるケースもあります。このような場合においても、あらかじめ社内のどのような文書において、性別が必要となるものがあるのかを洗い出し、情報や手続きを取り扱う担当者を限定するとともに、法律上の性別（もしくは職場で当事者が過ごしている性別ではない性別）を記載せざるを得ない場合でも、適切な情報管理について規定化することや、扱いについて本人に同意を取っておくことが求められます。

あなたの職場の個人情報、大丈夫ですか？

こうして考えていくと、そもそも職場における個人情報の取り扱い全体に目が向いていきます。今日び、育児休業を取っている人について、出勤掲示板や会議名簿等において、デカデカと「育休」などと明示するような職場はそうそうないと思います。しかし、もしまだ行っているようであれば、性的指向・性自認だけではなく、職場のさまざまな個人情報、特に機微な個人情報とは何なのかについて、今一度見直していくことが求められます。

今回のハラスメント法制の隠れたインパクトはここにある――すなわち職場のプライバシー情報の管理が問われるものである、と言っても過言ではないかもしれません。

これまで挙げてきたような性的指向・性自認に関する事柄や、併せて指針に規定されている病歴（例えばある人が病気になったこと／なった経験があること／持病があることをみだりに吹聴しない、公開しない）、不妊治療をしているか否か等を、勝手に暴露しないのは法定の対応となります。

これらに加えて、安定期に入るまで妊娠していることは一部の人のみに共有することとしたい、親の介護をしていることは見通しが立つまでは社内ではできるだけ伏せてほしい等々、既に職場で個別に取り扱っているであろう、開示することで不利益を受けかねない、「機微な個人情報」についての対応を考えるべきでしょう。

未だ多くのケースで、このような情報の取り扱いを、担当者や管理職の「常識」や「見識」に頼っているところも多いのではないかと思います。そこを、今回の指針がプライバシー保護のところで示しているように、社内で独自のガイドラインを設けるなど、ルール化することが今後必要になってくるでしょう。今回の法対応を良い機会と捉え、日本にはさまざまなバックグラウンドを持つ人が既におり、これからはもっと増え、可視化されることを踏まえ、見直しを図っていくことが求められます。こうした施策は、パワハラ防止はもちろん、多くの人が働きやすい環境づくりとして、必要になってくることでしょう。

コラム④　SOGIハラ・アウティングの二つの事例

　ここでは、ある二人の当事者が実際に経験した（一部個人情報を保護する観点から加工しています）SOGIハラやアウティングの事例を紹介します。

　トランスジェンダー男性でバイセクシュアルのAさん（仮名）は、新卒で就職した会社でSOGIハラやアウティング被害を受け、職場を辞めざるを得ない状況になりました。

　生まれた時は「女性」と割り当てられたAさんは、性別違和を抱えながら高校時代まで「女性」として生活をし、東京都内の大学に進学。大学時代に一年休学を挟み、アルバイトで稼いだお金で胸を切除する手術を受け、法律上の名前も変更しました（戸籍上の性別を変更するためにはいわゆる性別適合手術が必要なため、Aさんは戸籍上の性別は女性のままです）。そして新卒で金融系の会社に就職しました。

　入社後は、人事部や直属の上司、一部の同僚にしかカミングアウトしていませんでしたが、宿泊研修で施設の担当者がAさんがトランスジェンダーであることを知っているなど、アウティングが当たり前のように行われてしまい、疑心暗鬼になってしまったといいます。

飲み会では恋愛の話になった際に「（トランスジェンダーでバイセクシュアルって）ぶっちゃけどうやってヤるの？」などと聞かれることが多々あったといいます。Aさんは、会社の空気に合わせないといけない、社会はこういうものだろうと、なるべく我慢して合わせるようにしていました。

社内で電話のアポイントメントの業務中、上司が机を回ってきて、多くの従業員がいる前で「どう？ アポ取れてる？ 手術して男になるんだろう？ 稼がなきゃな」などと大声で言ったり、アポイントメントが取れていないことに対してこうしたAさんの性のあり方を揶揄するような言葉で圧力をかけるようになったそうです。

さらに、〝風習〟とされている社長の誕生日会では、新入社員による出し物について話し合っている際に、同僚社員から「トランスジェンダーをネタにすればいいじゃん」と言われ、Aさんにとって重要なアイデンティティであっても、周りからは「あくまでも笑いのネタでしかないんだなと感じてしまいました」と語ります。

結局、日々のＳＯＧＩハラやアウティング、さらに高圧的なパワーハラスメントを受け続けたことにより、Aさんは会社に出社できなくなり、退職することとなってしまいました。

ゲイの当事者で保険会社の営業を務めていたBさん（仮名）も、ＳＯＧＩハラとアウティングにより会社を辞めることとなった一人です。

ことの発端は異動先の支店長が、Bさんの異動前に、Bさんがゲイであることを支店の従業員全員にアウティングをしてしまったことです。「おそらく前の支店で一部の人にカミングアウトしていたのが支店長に伝わってしまっていたのではないか」とBさんは語ります。

しかし、支店長が全ての従業員にアウティングをしてしまったことを、当時のBさんは知る由もありません。なぜなら、異動初日の挨拶で、支店の従業員から最初に聞かれた質問は「Bさんは彼女いますか？」というものだったからです。

「当時は気が付きませんでしたが、わざわざ『彼女いるんですか』とニヤニヤした顔で質問をしてきたのは、明らかに悪意だったのではないかと思います」とBさんは振り返ります。

その後も、飲み会で女性との性体験についてしつこく聞かれたり、支店ではホモネタは日常茶飯事。会社の歓送迎会では、男性社員が女装し、Bさんも流行《はや》りの女性芸人のマネをさせられるなど、Bさんは支店の人間関係や環境に対してストレスを感じるようになりました。さらに、営業先でも彼女がいないことで「ソッチ系か」と三〇分以上執拗に責められることもあったといいます。

異動して半年後のある時、普段良くしてくれていたパートタイムの従業員から、「Bさんがゲイであることを知っていた」と打ち明けられます。

パートタイマーの方の話によると、Bさんがゲイであることを支店長がアウティングをしてしまった後、支店の従業員は全員で「知らないフリ」をすることに決めたそうです。しかし、Bさんによると「一部の従業員は、私が『誰に最初にカミングアウトするか』を賭けていたり、『おかまちゃん』というあだ名を付けていたことも聞きました」。

それだけでなく、実は得意先にもBさんがゲイであることをアウティングされてしまっていたことまで発覚。「執拗に『彼女がいるのか』や『ソッチ系なのか』と責め立てられたのも、事前に同僚からアウティングがあったからではないかと思います」とBさんは話しました。

その後、Bさんは近しい関係にあった同僚に事実確認をし、一部から謝罪を受けましたが、支店長はしらを切っていたそうです。Bさんは支店の誰も信用できなくなってしまい、最終的に退職することになりました。

Bさんは弁護士にこの件を相談。退職時に本社のコンプライアンス窓口に通報し、退職後も聞き取り調査などを受け、結果アウティングをしてしまった支店長は降格処分となりました。

第五章　ＬＧＢＴをめぐる「人事・労務制度」

同性パートナーへの福利厚生制度の現状

近年は、同性パートナーに関して出産や育児、介護休暇／休業、慶弔休暇や慶弔金など、結婚をした異性パートナーと同等の福利厚生を適用する企業が増えてきています。JAL（日本航空）やパナソニック、NTT、freeeなど、さまざまな企業が同性パートナーの福利厚生制度を導入しています。

日本では同性婚が法制化されていないため、法的には配偶者になれません。また、異性の事実婚関係であれば社会保険等は法律婚と同様に制度が適用されますが、同性パートナーが（男女の場合における）事実婚関係にあっても諸制度は適用されないのです。そんな中、各企業は自らの裁量で同性パートナーに対して結婚をした異性パートナーと同じ福利厚生を適用しているのです。これについて、独立行政法人労働政策研究・研修機構の『LGBTの就労に関する企業等の取組事例』によると、企業の同性パートナーへの福利厚生制度の適用は「（当事者の）従業員のモチベーション向上に寄与し、企業としても有能な人材を幅広く確保する手段になり得ると考えられる。ただし、留保すべきは、制度を整えてもカミングアウトしない人も少なからずいるということである」と述べられています。[*1]

確かに、いくら福利厚生制度が整えられていても、その手続き面でカミングアウトが前提――結婚休暇等を利用することを上司に伝えなければ制度を利用できない、などの場合、当事者の多くが事実上制度を利用できなくなってしまいます。パターン6でも取り上げましたが、厚生労働省の委託事業の調査によると、職場でカミングアウトしている人は一割前後なのが現状です[*2]。

そんな中で、同性パートナーへの福利厚生がカミングアウトを前提としてしまうことは制度利用への大きなハードルとなってしまうのです。

同性パートナーへの福利厚生の適用の際に、企業によっては「自治体のパートナーシップ制度[*3]」を利用していれば、その証明書等を提出することで福利厚生を利用できるというところや、住居が同一であることを証明する書類の提出や、企業独自の書式でパートナーシップを認証する書類に同性カップル二人が署名をすることで利用できるとする企業もあります。

しかし、最近は証明書を求めず、中告ベースで対応している企業も増えています（虚偽の場合の懲戒規定を設けているため）。そもそも事実婚の異性パートナーで結婚休暇を取得したい場合、事実婚関係を証明する書類の提出は求められず、企業で用意されている所定の書式で申請することが多いと思います。同様に、同性パートナーもその関係性を〝証明〟する必要は本来ないのではないでしょうか。

家族に関する制度は本人とパートナーの性別にかかわらず、本人からの申告で認められる方が望ましいでしょう。なお、このような福利厚生制度は社外の機関が関係することもあるため、必要に応じて外部機関との調整や働きかけも求められます。

このように、企業の同性パートナーの福利厚生制度の適用は当事者の従業員のモチベーション向上に寄与する取り組みである一方、関係の証明や、手続き面でのカミングアウトの有無など、制度設計に注意が必要です。

自治体の条例や取り組み

最近では、セクシュアルマイノリティに関連する、さまざまな自治体条例があちこちで制定され始めています。ここでは、いくつかの先駆的事例としての条例が定める規定の効果や影響について見ていきたいと思います。

①条例の差別禁止規定と休暇・手当関係

性的指向・性自認に関連する差別禁止規定を置く条例は、さまざまな地域で制定され始めています。最近だと、東京都や茨城県など広域自治体でも置かれるようになってきました。多くは、既存の男女共同参画条例を改正して規定することが多いようですが、東京都のようにいわゆる人権の条例として新たに制定する場合もあるようです。

こうした条例を受けて、自治体職員の福利厚生制度を見直す動きが出ています。私（神谷）が男女共同参画苦情処理委員をつとめている豊島区においても、パートナーシップ制度を利用している区職員、教員への休暇制度の見直しを図るべきとした区民からの苦情申し立てを踏まえ、他の二人の弁護士の委員と共に、意見書を取りまとめました。[*4] この意見書は、私のみならず他の委員とも協議をしながら策定されたものですが、次のようなことに言及しています。

東京都人権条例、豊島区共同参画条例は、ともに性的指向・性自認による差別を禁止しており、休暇制度の適用にあたっても、原則として性的指向・性自認による差別的取り扱いを行うべきではない。

区職員の休暇制度については、その多くが事実婚でも利用可能なものであり、性的指向や性自認に関する差別禁止条例を東京都、豊島区が有し、かつ各休暇制度の目的や意図や効果を阻害するものではない以上、矛盾抵触はないと考えられ、区はパートナーシップ制度利用者に対しても、職員の休暇制度を利用可能とすべきである。

このようなSOGI差別禁止規定のある自治体では、事実婚でも使える制度であれば、同性パートナーに対しても、各種休暇制度を利用できるようにすべきであるとしているのです。

この際、念頭に置かれている休暇制度は多岐にわたります。豊島区が審議にあたって提出している資料には、「慶弔休暇」「短期の介護休暇」「介護休暇」「介護時間」「配偶者同行休業」「子の看護のための休暇」「出産支援休暇」「育児参加休暇」「育児時間」「育児休業・部分休業」が挙がっています[*5]。

これらの制度について、事実婚でも使える制度が使えないのは条例違反、とまでは言っていませんが、条例の趣旨を踏まえれば事実婚に使える制度を同性パートナーにも使えるようにするのは当然である、とまでは解することができる意見書となっています。

さて、ここまで読んで、「公務員は恵まれていていいね」「最近自治体もいろいろ取り組んでいるからな」と人ごとのように思っていらっしゃる方に念を押しておきたいのですが、意見書にはこのような記述があります。

第7条などの差別を禁止し人権尊重を求める規定は、民間にも適用されるものであるが、制度順守を求める区自体に、率先垂範が求められるのは言うまでもない。（傍線引用者。以下同じ）

そうです。条例は民間にも適用されるものなのです。条例の該当部分を見てみると、東京都と豊島区では次のように規定されています。

東京都オリンピック憲章にうたわれる人権尊重の理念の実現を目指す条例
第四条　都、都民及び事業者は、性自認及び性的指向を理由とする不当な差別的取扱いをしてはならない。

豊島区男女共同参画推進条例
第7条　何人も、家庭、職場、学校、地域社会などあらゆる場（略）において、性別等による差別的取扱いその他の性別等に起因する人権侵害を行ってはならない。

東京都と豊島区で規定の仕方が違いますが、つまるところ事業者に対して、もしくは職場であれ、どこであれ、差別的取り扱いはダメだ、ということを規定しています（なお、この時の差別的取り扱いとは、都合良く二つの基準を設け対象によって使い分ける、いわゆる「ダブルスタンダード」を思い浮かべると良いかと思います。某医学部入試問題で、ある属性の人には二〇点、ある属性の人には一〇点、それ以外は加点しない、という盛大な「ダブルスタンダード」がありましたが、ああいった原則として異なるルールや制度の適用が差別禁止規定の対象となります）。

なお、豊島区はこのような意見書に対して、二〇二〇年三月一六日に、審議されていた慶弔、介護関連の全て、そして「出産支援休暇」「育児参加休暇」を同性パートナーにも適用するとしました。他方で、法律で子を実子と定めている育児休業などは改正しませんでした。育児休業など一部適用除外としたことは、法に厳格な役所ならではのことであり、民間と異なるところといえます。とはいえ、ほとんどの制度が事実婚と揃《そろ》えることになった、というのは画期的なことといえるでしょう。[*6]

そのため、意見書の記載のように、区に率先垂範が求められているのも確かですが、条例に照らせば民間でも事実婚と同性パートナーは同様に扱う、異なるルールや制度ではいけない、と条例は言っているのです。

さて、豊島区の条例は豊島区の域内のみに適用されますが、東京都の条例は、当然に東京都の全域に効果をもたらします。民間企業、特に大企業は、東京都に本社を置いている企業が多いのではないでしょうか。既に東京都の条例は二〇一八年一〇月から施行されており、そのような企業においては、少なくとも本社に条例が適用されているわけです。

ただ、これらの条例は特に罰則を設けているわけではありません。豊島区他、自治体条例には、前記に挙げたような苦情処理制度があり、何かあれば民間でも条例の趣旨を説明するなどの対応がなされる場合もありますが、法的な強制力があるかといえばそういうわけでもないようです。また、東京都の条例には、そもそも法の履行確保（法を守らせるための）規定がありません。

しかしながら、民事裁判になった際には、差別禁止条例が、訴えた側の強力な武器となることは間違いないでしょう。そのため、東京都や茨城県など、差別禁止規定が置かれている自治体の域内の企業等におかれては、事実婚と同等の制度を同性パートナーにも適用するよう、制度の見直しを図ることをおすすめしたいと思います。[*7]

②カミングアウトの強制や禁止を「禁止」する規定

一方、今回のハラスメント防止法と重なるところもあるのですが、東京都国立市などは、本書がテーマの一つとしてきた、カミングアウトをする／しないは「本人の権利」であることを規定しています。加えて、東京都の国立市、豊島区、港区では、アウティングを禁止するとともに、カミングアウトの強制や禁止を「禁止」する規定を条例で設けています。

では、国立市の条文を見てみましょう。

国立市女性と男性及び多様な性の平等参画を推進する条例

第3条

（2）性的指向、性自認等に関する公表の自由が個人の権利として保障されること。

第8条

2　何人も、性的指向、性自認等の公表に関して、いかなる場合も、強制し、若しくは禁止し、又は本人の意に反して公にしてはならない。

第8条の「又は」以降はアウティングの禁止です。国立市の域内にある一橋大学での事件があったことから、多くのメディアがこの部分に注目してきました。[*8]

ただ、前段も重要な条文です。「何人も、性的指向、性自認等の公表に関して、いかなる場合も、強制し、若しくは禁止し」はカミングアウトの強制、もしくはカミングアウトの禁止が、後段の「してはならない」につながり、それぞれを禁止している規定と読みます。

職場では、愛知ヤクルト工場事件[*9]のように、カミングアウトを強制し、当事者のメンタルヘルスを害し、訴訟に至っているケースもあります。他方で、カミングアウトされると、人事・労務的な対応や従業員への説明など、面倒くさいと思うからなのか、はたまた差別的な意図を持っているのか、「この職場でカミングアウトするな」といったような「カミングアウト禁止」を指示する例も聞くところです。

ただ、パターン5などで指摘したように、カミングアウトはセクシュアルマイノリティの生活にとって、重要な課題です。これが本人の望む形にならないと、大きな困難となってしまうことは、これまで繰り返し取り上げてきました。前記のような条例が制定されていることから考えて、たとえ条例がない自治体であっても、訴訟となれば違法となることが想定されます。

いずれにせよ、本書が説明してきたカミングアウトをめぐる課題と、その重要性を踏まえ、各職場においても、カミングアウトを強制したり、禁止しないことが重要になります。

服装規定も変わってきた

男女別の服装規定については、職場で女性へのパンプス・ヒール強制をなくすムーブメント「＃KuToo」などの取り組みもあってか、社会的に疑問視する声が上がっており、例えば、JR東日本が制服を男女とも同じデザインに統一したように、[*10]男女別に分けて規定することをやめる企業も増えてきました。

本書がテーマとしている内容に引き付ければ、既に二〇〇二年に「性同一性障害者解雇事件」（通称「S社事件」）という裁判例が出ていることに注目したいところです。

この事件を簡単にまとめると、法律上の性別が男性で性自認が女性の性同一性障害の診断を受けている人が、女性の容姿で就労しようと申し出たものの認められず、しかし女性の容姿で出社したところ自宅待機を命じられたが、そのまま出勤したこと等によって懲戒解雇になったというものです。[*11]

結果として東京地裁は、懲戒解雇を取り消した上で、性自認に基づく生活を制限されることが多大な精神的苦痛を被るとして、自認する性別で生活することが重要という趣旨を判示し、他の従業員が強い違和感や嫌悪感を抱き、職場の企業秩序を乱すとした原告の主張を、それらは緩和する余地が十分にあり、業務遂行上著しい支障をきたす恐れがあるとまではいえないと退けています。

これに続いて、近年の性自認に基づく女性容姿での出勤を求めた訴訟事例でも、訴えを認める形で和解が成立する事案もあり、司法におけるトランスジェンダーの服装については一定の基準が見えつつあるようです。

このような司法の動きも背景に、ユニフォームを選択制にしたり、デザインを男女で差がないものにする、あるいは服装・身だしなみチェック項目を男女で統合するなどの動きが見られます。

中でも、例えばＫＤＤＩは服装規定自体を廃止したことで話題となりました。自律性を掲げ、判断を社員一人ひとりに委ねた画期的な取り組みといえるでしょう。従来の固定観念にとらわれず、新しい発想・価値観での勤務が掲げられており、[*12]一つの企業としての戦略とも結び付けられているようです。なお、この服装規定廃止にあたっては、そもそも服装の強制自体に根拠が薄いとし、強制しないよう指導を行っていくとも報じられており、[*13]セクシュアルマイノリティに限らない、広く適用されるものとなっています。

一方、例えば港区では二〇二〇年二月に服装を含む性別表現への干渉や侵害を受けないようにすることとした条例改正が行われており、自治体でもこのような動きは加速化することが考えられます。

「だれでもトイレ」は万能の解決策？

「ＬＧＢＴ関連の施策」といえば、「だれでもトイレ（多目的トイレ）」がよく話にのぼりますが、最近では「『だれでもトイレ』があっても使いづらいってトランスジェンダー当事者（の社員）に言われるんだよねえ」という声もちらほら聞かれるようになってきました。

みなさんの周りではどうでしょう。とりあえず「だれでもトイレ」があればいい、そんな風に思っていませんか？

もちろん、「だれでもトイレ」もないよりはあった方がいいわけですし、そもそもＳＯＧＩ以外のさまざまな分野からも求められる施策です。車椅子を利用されている人、オストメイト（人工肛門・人工膀胱《ぼうこう》保有者）、さまざまな人から求められる施設として「だれでもトイレ」は重要です。その「だれでもトイレ」一つをとっても、構造的に置けないとか、工事をしなければならないのでコストがかかるとか、企業側からもさまざまな悩みの声が聞かれますが、機会を捉えてぜひとも積極的に導入を検討いただきたいと思います。

ただ、この節の冒頭でも挙げたように、あまりにも「性的マイノリティに配慮しています」と前面に出されると、逆に使いづらいという声があることも事実です。[*14]「人目に付く場所に『だれでもトイレ』があると、それを利用することでかえって当事者と疑われるから使いづらい」という声や、「確かに職場に一つあるんだけど、私の席からは遠くてそう簡単には使えない」など、さまざまな声が聞かれます。結局お昼休みに駅やコンビニのお手洗いを使う、水分をひかえて脱水症状になりやすい、あるいは我慢しすぎて排泄《はいせつ》障害となる人も少なくないというデータが出ています。[*15]

そんな折の二〇一九年一二月に、経済産業省を相手取って訴訟を起こした経済産業省職員の地裁判決がありました。この訴訟は双方が控訴したため、まだ確定してはいません。ただ、現時点で手がかりとなるこの地裁判決では、性自認に基づくトイレを自由に使用させなかったことは、真に自認する性別に即した社会生活を送るという重要な法的利益を制約するとして、違法であると判じました。加えて、多目的トイレの利用の推奨に問題を含むことも指摘しています。[*16]

この地裁判決は、この事案の個別ケースを前提にしている部分もあり、今後全ての起こり得る訴訟等について一般的に適用されるとまではいえません。それでも、トイレ利用の基本は自認する性別であって、多目的トイレの利用を推奨することは問題を含むのだ、ということを判示したのは、かなり画期的であるといえるでしょう。

「そんなこと言ったって、自認する性別で利用させたら危険じゃないのか?」と思われる方もいるかもしれません。確かに経済産業省側はそのようなトラブルを念頭に、トイレ利用を制限していたと主張していました。しかし、地裁は庁舎内のトイレの構造等から考えて、そのようなトラブルが起こる可能性は抽象的なものに留まるものとしています。

この手の議論では、女性トイレの利用についてよく焦点が当たりますが、確かによくよく考えてみれば、女性のお手洗いは個室になっています。そう考えれば経済産業省が指摘したような危険性は少ないのではないか、ということを裁判所は言っています(トイレの構造によってケースバイケースの余地はあるかもしれませんが)。

「でも、トランスジェンダーがトイレに入ることを認めれば、不審者の男性が女性トイレに入ってしまうのではないか」ということもよく言われます。

そのような方には一度立ち止まって考えていただきたいのですが、職場などで不審者の男性が「私はトランスジェンダー女性です」と嘘を吐くというのは、自分が「トランスジェンダー」であるということをカミングアウトしてトイレを利用する、ということになります。すると、第三章までに書いてきたような勘違い、差別や偏見を一身に受けることとなります。その身をもって、日常のあらゆるところに困難が転がっていることを認識することとなるでしょう。それが後日「嘘でした」というのは、もちろん通用しません。そこまでのリスクを冒してでも嘘を吐いて女性トイレを使いたい、というのは考えがたいことではないでしょうか。

もちろん、こういった議論は職場だけではありませんし、トイレ以外の、構造の違う更衣室などの場合はどうなのか、という課題もあります。これらを明確に線引きすることが、すぐには難しいかもしれませんが、少なくとも、性自認に基づく施設の利用を原則に置いて、多目的に使える施設、個室などを組み合わせた工夫など、環境調整する努力が、周囲、特に企業等の組織には求められる傾向にあるとはいえそうです。

海外赴任・出張の大きな落とし穴

職場や、人事施策を考える上でもう一つ重要な課題は、海外赴任・出張におけるリスクです。同性愛行為が場合によって刑罰に処される国は数十カ国におよび、一〇カ国以上で死刑となる可能性があります（詳しくはマップ[*17]を参照のこと）。

つまり、これらの国に赴任や出張などでセクシュアルマイノリティを派遣してしまうと、その社員は命の危険に晒される（もしくは懲役などの刑罰を科される）恐れがある、ということとなります。このような地域から発信された一部動画では、見せしめとして同性愛者を処刑するようなものが流されています（実際に見るにあたっては覚悟が必要になるものです）。それぞれの国で実情や内情の濃淡はあるようですが、刑罰を含めた迫害を受けるということは、こうした動画などからリアルさをもって受け止めることができます。

そうなると、このような国に、もしセクシュアルマイノリティであると知りながら会社が当事者を派遣した場合、大きな騒動になるということはいうまでもありません。実際に、セクシュアルマイノリティの入国が拒否された事例を耳にしたことがあります。そのため、外資系企業では、当事者の任意ベースでカミングアウトされたアイデンティティをもとに、赴任先、出張先に関する細かな調整を実施しているところもあるようです。

仮に職場でカミングアウトしていない／できない人が、その国であらぬ被害を受けた場合に、企業の責任がどこまで法的に問われるかは定かではありませんが、その人が担っていた仕事はもちろん、大切な自社の社員を結果的に危険に晒してしまうという意味において、やはり避けるべきものであるといえるでしょう。

その意味でも、カミングアウトしやすい環境というのは、企業のリスク管理という観点からも顕著に重要となることがわかりますね。もちろん、海外赴任や出張が絡まなかったとしても、カミングアウトできないことによるリスク——第三章までのパターンで紹介したことを踏まえれば重要なわけですが、死刑という極限のリスクを前にすることもあり得る海外赴任・出張にあたっては、より看過しがたい課題として現れます。

このようなことから、職場においては、カミングアウトの強制を行わないことを前提に海外赴任・出張がある場合には、カミングアウトしている従業員を危険に晒さないための調整が必要です。また、可能であれば、カミングアウトしていない／できない従業員を念頭に、カミングアウトしやすい環境整備を、こうした側面からも行う必要性があるといえるでしょう。

今後の制度と取り組みの方向性

このように見ていくと、法制化されたハラスメント対策だけでなく広範な人事・労務関連制度に関して、取り組んだ方がいい施策から、取り組まなくてはならない施策へとシフトしていることがわかります。このような状況を踏まえて、今後の人事・労務を中心とした制度のあり方について一言申し上げておきたいと思います。

既にヨーロッパ各国では、ＳＯＧＩ差別禁止法制が整備され終わっています。また、二〇一九年六月に採択された国際労働機関（ＩＬＯ）のいわゆるハラスメント禁止条約の制定によって、ＳＯＧＩに関するハラスメントを含めた全てのハラスメントについて、国際的に禁止の流れができつつあります。

このような中でも、ＳＯＧＩ施策先進国のカナダのオンタリオ州では、本書が重要なテーマとしてきたプライバシー保護についてと、保険や医療に関する情報なども含めたＳＯＧＩに関連する全ての情報について、雇用主等に最大限の保護を求めています。[*18] この規定は二〇〇六年に定められており、日本が今般ハラスメント防止法において着手し始めた取り組みは、一四年も前に既に制度として位置付けられていました。

ただ、日本においても、全く制度的な取り組みがかけらもなかった数年前に比べて、一通りの論点、あるいは制度の萌芽《ほうが》が出始めたことは間違いないようにも思います。

ＳＯＧＩに関する訴訟事例も増えてきましたし、今回法制化されたハラスメント法制におけるＳＯＧＩハラやアウティング防止措置、そこに規定された機微な個人情報をプライバシーとして保護する動きも今後広がることでしょう。また、各地の自治体条例で規定され始めた差別禁止規定、これを一歩進めたカミングアウトの強制や、カミングアウトの禁止を禁止する自治体条例、加えて、画期的な経済産業省職員の地裁判決も出ています。こうした制度や司法の動きに連なって、今もさまざまな企業が、先駆的な施策（紹介した施策の他にも出張や赴任に関してホルモン療法をしている人への転勤の配慮なども）に取り組んでいます。今後、私たちが何をすべきか、そのメニューについては、揃いつつあるといえるでしょう。

あとは、実行するかどうかというところにきています。その実行も、実は既に制度としては実行しなければならないフェーズのものが少なくないというのは、ここまで解説してきた通りです。

実行に移す原動力は人であり、本書を手に取ってくださった読者のみなさんもその一人です。ぜひ本書を参考にして、一人ひとりが心がけ、組織的・制度的な取り組みまで、できるところから大胆に取り組んでいただければと思います。その際には、新たなハラスメント防止法制度やみなさんが在住、在勤、もしくは在学している自治体の条例が力になるはずです。ぜひ、これらの内容を今一度確認してみてください。そこから、さまざまな人が働きやすい職場環境構築を、みなさんが率先して模索していっていただければ幸いです。

おわりに

神谷悠一

性的指向・性自認をめぐって、時代が着実に変わりつつある。企業の七割以上が性的マイノリティが働きやすい職場環境を作るべきだとしていることや、法制度が出来たことはその一つの象徴的な側面であり、社会のあらゆる場面で、人びとが動き、取り組みが進み、変化が続いている。そのことをどれだけの人と共有できているだろうか。普段考えていることや、感じていることをもっと積極的に言語化することで、よりその変化を共有できるのではないだろうか。

本書は、こんなことを考えていた矢先、共著者の松岡さんからも執筆を強く勧めていただき、編集者の藁谷浩一さんと出会ったことで、世に出すことができたものです。

前半の第一章から第三章の「勘違いのパターン」については、普段から講演会や研修などで寄せられる一つひとつの声から、自然と私が話題とするようになっていたこと、意識するようになっていたことを、松岡さんと共に整理し、言語化したものです。

この「パターン」の中でも、カミングアウトに関する論点については、よくよく語られているようで、実はあまり語られていない部分があると感じています。カミングアウトしていないと日常会話すら困ることがあるのだ、というパターン5で解説したような内容は、セクシュアルマイノリティにとってすれば、日常的に当たり前のこととなっており、特段に認識して言語化することが難しい側面があります。もちろんこれまでも、多くの研究者がこの点を指摘し、問題提起を行ってきました。けれど、現時点で、多数派を中心とする多くの人には伝わっていない、当事者も「当たり前」だからことさらに伝えない／伝えられない。その結果、カミングアウトの難しさが前提となっているアウティングの問題についても、なぜセクシュアルマイノリティにとって切実な問題なのかが今ひとつ共有されない。これはこの課題の取り組みを共に推進してくださる、アライの方々からも多く寄せられている声です。

本書は、このような「伝わっているようで伝わっていないところ」に、よくある「勘違いのパターン」という切り口から挑戦したものと言えます。カミングアウト以外にも多数のポイントを紹介し、「『ＬＧＢＴ』という言葉は知っているんだけど、その言葉の意味はどうも」という人から、「ある程度わかっている」「実際に自組織で取り組みを進めている」という人にまで、ぜひとも押さえていただきたいパターンを並べました。

また、後半の第四章や第五章は、新たなハラスメント防止の法制度を中心に、筆者らが人事・労務をはじめとする企業・団体・自治体のみなさんに、広くアドバイス、コンサルティングをしてきた経験から、各種制度や取り組みのポイントをまとめています。本書で扱ってきたように、ハラスメントの法制度一つをとっても、厚生労働省のみならず、総務省、文部科学省、人事院など関係省庁が動き出しており、これに基づいて企業や行政が全国的に動くという大きなパラダイムシフトを迎えています。先進的な企業や自治体の独自の取り組みも含めて、今後の取り組みの着手にあたって、または中長期の取り組みの見取り図を描くことにご活用いただければ幸いです。

加えて、本書は読者お一人おひとりの疑問や壁となっていたところを解消していただく際に役立つことも企図しています。取り組みを進める上で周囲の方に説明する、説得するといった場面で、知識として、話のネタとして、あるいは法制度の現場での運用にあたってなど、さまざまな角度からご活用いただければと思っています。このようなコンセプトから、新書としてはできるだけ多く註を付けるように留意しました。

本書の執筆にあたっては、多くの方からアドバイスをいただきました。順不同になりますが、藤井ひろみさん、小田瑠依さん、岩本健良さん、下平武さん、保井啓志さん、齋藤久子さん、有山伸之さん、宮脇正一郎さん、小板橋美帆さん、三宅大二郎さん、東原祥匡さんには、それぞれに多忙な中、二人の著者からの求めに応じて、的確なコメントをいただきました。力不足

により すべてを取り入れることはできませんでしたが、おかげで本書を世に出すにあたって、より良いものとすることができました。

また、私のパートナーとして、私が体調を壊したり、イライラする中でも、色々と飲み込んで支えてくださった田頭峻さんにも、日頃からの御礼を改めて言いたいと思います。本当にいつもありがとうございます。

そして何より、編集者の藁谷浩一さんには「勘違いのパターン」という切り口をはじめ多くのアイディアをいただくとともに、新書執筆に慣れない私と松岡さんに対して、粘り強くご指導いただき、また次々と私が詰め込む内容についても適切にご対応いただきました。心から御礼を申し上げたいと思います。

振り返れば、今回のパワハラ防止法の制定については、立法にあたって、あるいは社会運動として、さまざまな立場の方から、陰になり日向《ひなた》になりご尽力をいただいたことで、実を結んだのだと受け止めています。ご尽力くださった全ての方をここに書き記すことはできませんが、歴史的な第一歩を踏み出せたことについて、一人のセクシュアルマイノリティ当事者として、改めて御礼を申し上げたいと思います。

ただ、新たな法制度ができたことは、大きな一歩ではありますが、新たなスタートに過ぎません。働きやすい職場作りに、より自由で、より豊かな社会に向けて、新たな制度を私たち自身がそれぞれの立場から使いこなし、活用していくことが求められています。その際に、ぜひとも本書が何がしかのお役に立てれば幸いです。

二〇二〇年六月

註

【第一章】

＊1　猪谷千香「鶴指眞澄・海老名市議がTwitterで差別発言『同性愛者は異常動物』」『HuffPost Japan』、二〇一五年一一月二八日。https://www.huffingtonpost.jp/2015/11/28/ebhinashigi-sabetsu_n_8674040.html

＊2　「性同一性障害を『精神障害』の分類から除外へ　WHO」『サイカルジャーナル』（NHK）、二〇一九年五月二六日。https://www.nhk.or.jp/d-navi/sci_cul/2019/05/news/news_190526-4/

＊3　以下の記事など。「ペンギンの同性カップル、卵をかえし子育て中　シドニーの水族館」『AFPBB News』、二〇一八年一〇月二七日。https://www.afpbb.com/articles/-/3194826

＊4　T・S「カクレクマノミはどんな海水魚？　特徴や生態、飼育方法までご紹介！」『暮らし〜の』、二〇二〇年五月二日。https://kurashi-no.jp/I0025676

＊5　風間孝、河口和也『同性愛と異性愛』岩波新書、二〇一〇年。

＊6　永易《ながやす》至文《しぶん》「第32話　新木場事件：虹色百話〜性的マイノリティーへの招待」『yomiDr.（ヨミドクター）』二〇一六年二月一一日。https://yomidr.yomiuri.co.jp/article/20160223-OYTET50045/

＊7　三菱UFJリサーチ&コンサルティング『令和元年度　厚生労働省委託事業　職場におけるダイバーシティ推進事業　報告書』二〇二〇年三月、二三七頁。https://www.mhlw.go.jp/content/000625154.pdf

＊8　前掲註7の一六二頁参照のこと。

＊9　Eve Kosofsky Sedgwick,"*Epistemology of the Closet*",University of California Press,1990（邦訳：外岡《とのおか》尚美《なおみ》訳『クローゼットの認識論　セクシュアリティの20世紀　新装版』青土社、二〇一八年、九八頁）。

＊10　「働き方と暮らしの多様性と共生」研究チーム「大阪市民の働き方と暮らしの多様性と共生にかんするアンケート　報告書」二〇一九年一一月、六三頁。https://osaka-chosa.jp/files/osakachosa_report.pdf

＊11　前掲註7の一三六頁参照のこと。

＊12　日本労働組合総連合会「ＬＧＢＴに関する職場の意識調査」二〇一六年八月二五日、四頁。https://www.jtuc-rengo.or.jp/info/chousa/data/20160825.pdf

＊13　例えば以下のようなケース。「性同一性障害『カミングアウトを強制された』　40代会社員、愛知ヤクルト工場を提訴」『産経ＷＥＳＴ』、二〇一六年六月二八日。https://www.sankei.com/west/news/160628/wst1606280058-n1.html

＊14　例えば下記など。豊島区「多様な性自認・性的指向に関する対応指針」二〇一八年二月。https://www.city.toshima.lg.jp/049/kuse/danjo/documents/lgbtshishin.pdf

＊15　伊吹早織「『メンズはごめんなさい』『あんたはあんただから』ぺえとりゅうちぇるが今まで言われた7つのこと」『BuzzFeed Japan』、二〇一九年四月二一日。https://www.buzzfeed.com/jp/saoriibuki/pee-ryuchell

＊16　日高庸晴（宝塚大学看護学部教授）「ＬＧＢＴ当事者の意識調査『REACH Online 2016 for Sexual

Minorities』」二〇一六年。http://www.health-issue.jp/reach_online2016_report.pdf

＊17　前掲註12の八頁参照のこと。

＊18『職場における妊娠・出産・育児休業・介護休業等に関するハラスメント対策やセクシュアルハラスメント対策は事業主の義務です!!』厚生労働省 都道府県労働雇用環境・均等部（室）、二〇一七年、一二頁。https://www.mhlw.go.jp/file/06-Seisakujouhou-11900000-Koyoukintoujidoukateikyoku/0000137179.pdf

＊19　錦光山《きんこうざん》雅子「お茶の水女子大『性には多様性がある』トランスジェンダーの女性を受け入れる理由を説明」『HuffPost Japan』、二〇一八年七月一〇日。https://www.huffingtonpost.jp/2018/07/09/ochadai-kaiken_a_23478268/

＊20「【声明】経済産業省における性自認に基づくトイレ利用に関する 東京地裁判決についての声明」ＬＧＢＴ法連合会、二〇一九年一二月一三日。http://lgbtetc.jp/news/1649/

【第二章】

＊1　Kazuki Watanabe「一橋大ロースクール生『ゲイだ』とバラされ転落死 なぜ同級生は暴露したのか」『BuzzFeed Japan』、二〇一六年九月三日。https://www.buzzfeed.com/jp/kazukiwatanabe/hitotsubashi-outing-this-is-how-it-happened

＊2　大貫聡子「性別変更『同意なく明かされた』 勤務先の病院提訴へ」『朝日新聞』、二〇一九年八月二九日。https://digital.asahi.com/articles/ASM8K3JX6M8KPLZB001.html

＊3　松岡宗嗣「企業のアウティング防止対策が義務化?: 対策のポイントとは」『fair』、二〇一九年一〇月一八日。https://fairs-fair.org/outing-prevention-point/
＊4　望月ふみ「ゲイカップルを演じた藤原季節『これは〝ただの〟同性愛者の映画です』」『biz SPA! フレッシュ』、二〇二〇年一月二八日。https://bizspa.jp/post-265595/
＊5　前掲第一章註7の一一八頁参照のこと。
＊6　前掲第一章註10の八一～八二頁参照のこと。
＊7　一般社団法人日本経済団体連合会「ダイバーシティ・インクルージョン社会の実現に向けて」二〇一七年五月一六日、一六頁。https://www.keidanren.or.jp/policy/2017/039_honbun.pdf
＊8　ＰＲＩＤＥ指標運営委員会「ＰＲＩＤＥ指標２０１９レポート」二〇一九年一〇月一一日。https://workwithpride.jp/wp/wp-content/uploads/2019/12/a4e8c1029291 87b4da17e475e465e97.pdf

【コラム②】
＊9　釜野さおり・石田仁・風間孝・吉仲崇・河口和也、科学研究費助成事業「日本におけるクィア・スタディーズの構築」研究グループ（研究代表者　広島修道大学　河口和也）編『性的マイノリティについての意識　２０１５年全国調査　報告書』二〇一六年六月、九六～九七頁。http://alpha.shudo-u.ac.jp/~kawaguch/chousa2015.pdf

【第三章】

＊1　あかるい職場応援団、厚生労働省「動画で学ぶハラスメント『個の侵害』の例」二〇一五年。https://www.no-harassment.mhlw.go.jp/movie/6-4

＊2　「特集『男の絆』から生まれるセクハラ『ホモソーシャル』を知っていますか」『情報労連REPORT』情報産業労働組合連合会、二〇一八年六月一三日。http://ictj-report.joho.or.jp/201806/sp07.html

Eve Kosofsky Sedgwick,"*Between Men: English Literature and Male Homosocial Desire*",Columbia University Press,1985（邦訳：上原早苗・亀澤美由紀訳『男同士の絆——イギリス文学とホモソーシャルな欲望』名古屋大学出版会、二〇〇一年）。

【コラム③】

＊3　松岡宗嗣「批判殺到の『噛まれたら同性愛感染』映画、問題点は？ 上映停止を求める声も」『Yahoo!ニュース』二〇二〇年二月一八日。https://news.yahoo.co.jp/byline/matsuokasoshi/20200218-00163532/

【第四章】

＊1　第三章註1参照のこと。

＊2　映画「カランコエの花」（二〇一八年七月公開）が参考になる。とある高校の一クラスだけで「LGBT」についての授業が行われたことをきっかけに、「当事者探し」が始まってしまうというストー

リーで、非常に示唆的。https://kalanchoe-no-hana.com/

＊3　例えば下記の訴訟など。「性別変更を同意なく明かされ苦痛　大阪の女性が勤務先提訴」『産経新聞』二〇一九年八月三〇日。https://www.sankei.com/affairs/news/190830/afr1908300007-n1.html

＊4　ただ、この法律上の性別変更の要件については国内外から批判が集まっている。

【第五章】

＊1　独立行政法人労働政策研究・研修機構『ＬＧＢＴの就労に関する企業等の取組事例』二〇一九年、二頁。https://www.jil.go.jp/kokunai/other/whitepaper/documents/20170331-lgbt.pdf

＊2　第一章註7の二三六頁参照のこと。

＊3　ちなみに、自治体のパートナーシップ制度は、利用者が制度を導入している自治体に居住していることが条件であったり、費用のかかる公正証書の取得が必要な自治体とそうでない自治体がある。そのため全国に支店があるような企業の場合は、利用できる従業員とできない従業員との間に差が生じてしまうというデメリットもある。

＊4　意見書案取りまとめに至るまでの議事録や、意見書の詳細は下記を参照のこと。豊島区男女共同参画苦情処理委員（議事録）http://www.city.toshima.lg.jp/049/1906141411.html（二〇二〇年二月二九日取得）、（意見表明書）http://www.city.toshima.lg.jp/049/documents/documents/ikenhyoumei200327.pdf（二〇二〇年五月六日取得）。なお、同様の審議を行った世田谷区、文京区では議事録等の公開は行っていないようである。

＊5　公務員の制度のため、名称や内容は民間と多少異なる。なお、育児休業についても挙がっているが、これは事実婚にも使えない制度とされていたため割愛。また、結婚等祝い金などの福利厚生制度については、この審議に付される前から同性パートナーも利用が可能となっている。

＊6　「措置報告書（多様な性の区教職員に対する制度の見直しについて）」豊島区、二〇二〇年三月。http://www.city.toshima.lg.jp/049/kuse/shingi/kaigichiran/documents/sochihoukoku20200327.pdf

＊7　休暇制度については、例えば、一見異性カップルに見えるけれど、一方が（戸籍上の性別を変更していない）トランスジェンダーであるため、戸籍上は「同性」カップルの存在や、女性同士のカップルで、一方が出産をし、もう一方が「出産支援休暇」を使うケースなどは、見逃しやすいポイントである。

＊8　例えば以下の記事など。「LGBT『同意なき暴露』防げ　条例などで規制の動き」『日本経済新聞』、二〇一八年五月二七日。https://www.nikkei.com/article/DGXMZO31023470X20C18A5CR8000/

＊9　第一章註13参照のこと。

＊10　細沢礼輝「JR東日本が男女の制服を統一　帽子もお好きな方でOK」『朝日新聞』、二〇一九年一〇月九日。https://digital.asahi.com/articles/ASMB85K5BMB8UTIL053.html

＊11　東京地裁平成14年6月20日労働判例830号一三頁。

＊12　「KDDIオフィスでの全面禁煙と、一律ドレスコードを廃止〜健康経営と働き方改革をさらに推進〜」KDDI、二〇一九年一一月六日。https://news.kddi.com/kddi/corporate/newsrelease/2019/11/06/4119.html

＊13　竹下郁子「KDDIが社員の服装規定を廃止。『男性だからスーツ』の固定観念を見直し」

『BUSINESS INSIDER』、二〇一九年一一月一日。https://www.businessinsider.jp/post-201687

＊14　オフィストイレのオールジェンダー利用に関する研究会（金沢大学、コマニー、ＬＩＸＩＬ）「オフィストイレのオールジェンダー利用に関する意識調査報告書（公開用資料）」二〇一九年五月。http://iwamoto.w3.kanazawa-u.ac.jp/Report_on_Office_Restrooms_for_All_Gender_Use_all.pdf

＊15　ＬＩＸＩＬ、虹色ダイバーシティ「２０１５年 性的マイノリティのトイレ問題に関するＷＥＢ調査結果」二〇一六年、一八頁。https://newsrelease.lixil.co.jp/user_images/2016/pdf/nr0408_01_01.pdf

＊16　「【声明】経済産業省における性自認に基づくトイレ利用に関する東京地裁判決についての声明」ＬＧＢＴ法連合会、二〇一九年一二月一三日。http://lgbtetc.jp/news/1649/

＊17　ILGA, 2019, "SEXUAL ORIENTATION LAWS IN THE WORLD-2019",https://ilga.org/downloads/ILGA_Sexual_Orientation_Laws_Map_2019.pdf

＊18　"*Policy on discrimination and harassment because of sexual orientation*",Ontario Human Rights Commission, 2006. http://www.ohrc.on.ca/sites/default/files/attachments/Policy_on_discrimination_and_harassment_because_of_sexual_orientation.pdf

【おわりに】

＊1　第一章註7の二一九頁参照のこと。

SOGIに関する主な人事・労務関連の取り組み一覧

分野	内容	SOGIの観点から求められること
ハラスメント対応（2020年6月から措置義務）＊中小企業は2022年4月から	①職場のパワーハラスメントの内容、パワーハラスメントがあってはならない方針の明確化と周知・啓発	・SOGIハラやアウティングがパワーハラスメントに含まれる旨を、法に基づく指針を踏まえて就業規則等に明記する ＊特にプライバシー保護の観点からアウティングを起こさないよう周知・啓発が必要
	②パワーハラスメント行為者の懲戒規定等を定め、周知・啓発	・SOGIハラやアウティングもパワーハラスメントの一部として懲戒の対象となることを明記
	③相談窓口を設置し、周知する	・相談窓口の担当者が、「SOGIハラ」や「アウティング」等の意味を把握し、適切に二次被害を防ぐための配慮も含めた対応ができるようにする
	④相談に対し内容や状況に応じて適切に対応できるようにする	
	⑤事実関係の迅速かつ正確な確認	・調査担当者等がSOGIハラやアウティングに関する基本的知見を持っている
	⑥（事実が確認された場合）被害者に対する配慮の措置を適正に行う	・管理職や産業保健スタッフがSOGIハラ等の知見を有し、対応が可能な状況にしておく ・加害者等がSOGIハラやアウティングの危険性を認識できるよう資料等を事前に作成しておく ・被害者はもちろん加害者等も含めたプライバシー保護の措置を講じる ・アウティング被害の範囲を確認し、被害者と情報を共有した上で、さらなるアウティング被害を起こさないよう対応する ・被害者と加害者を引き離すための「異動」対象は原則加害者とする
	⑦（事実が確認された場合）行為者に対する措置を適正に行う	
	⑧再発防止の実施	・被害者や被害者所属の部署、被害事案について、憶測を呼ばないよう注意して実施する
	⑨相談者・行為者等の情報のプライバシー保護を講じ、その旨を周知する	・プライバシーにSOGIが含まれる旨を明記した対応マニュアルを整備し、それに基づく対応を行う
	⑩相談者や事実確認協力者の不利益取り扱いを禁止し、周知・啓発する	・不利益取り扱いはもとより、「報復」としてアウティングなどが起きないよう徹底する
プライバシー保護	機微な個人情報一般の取り扱い	・SOGI等の機微な個人情報の取り扱いについて、ハラスメント以外の人事情報等の管理についても見直す
	同性パートナー関連等の休暇・手当制度の運用① （慶弔・出産・育児・介護関係） ＊性同一性障害の性別適合手術やホルモン治療において同様の取り組みを実施している企業もある	・同性パートナー関連制度等の利用において、カミングアウトのリスクを軽減する決裁方法とする
	「性別」に関する人事情報の取り扱い	・機微な個人情報として、取り扱いには本人の同意を原則とする他、情報へアクセスできる手順や権限を厳格に定める
福利厚生制度	同性パートナー関連等の休暇・手当制度の運用② （慶弔・出産・育児・介護関係）	・事実婚と同性パートナーが利用可能な制度を合わせる。 ＊差別禁止条例が制定されている自治体（東京都や茨城県など）では、必須の取り組み ・家族（同性パートナー含む）制度の利用は原則申告に基づくものとし、必要に応じて虚偽の際の懲戒規定などを設けておく
男女別取り扱い	服装規定	・男女別の規定は廃止、もしくは男女で規定を合わせる
	男女別の施設利用	・本人の意向を踏まえながら、施設の構造等から性自認に基づく施設利用が可能かを原則最初に検討し、安易に多目的施設の利用を推奨しない。利用が難しい場合は、ケースに応じた環境調整を行う
赴任・出張	赴任・出張先の調整をする	・カミングアウトしている従業員の海外赴任・出張においては、セクシュアルマイノリティが処罰される地域でないかを十分に確認し、調整を図る

用語集

アウティング（Outing）：本人の性のあり方を、同意なく第三者に暴露してしまうこと。

アライ（Ally）：多様な性のあり方に理解のある非当事者で、支援者、応援者のこと。

アセクシュアル（Asexual）：恋愛的感情の有無にかかわらず、他者に性的に興味関心を抱くことがない人。

エックスジェンダー（X-gender）：自認する性別が男女どちらでもない、どちらとも言い切れない人。あるいはいずれにも分類されたくない人。

エフティーエム（FTM、Female to Male）：出生時に割り当てられた性別が女性で、自認する性別が男性である人。トランス男性ともいう。

エムティーエフ（MTF、Male to Female）：出生時に割り当てられた性別が男性で、自認する性別が女性である人。トランス女性ともいう。

エルジービーティー（LGBT）：Lesbian（レズビアン）、Gay（ゲイ）、Bisexual（バイセクシュアル）、Transgender（トランスジェンダー）の頭文字を取った言葉。性的マイノリティの人たちを表す言葉として用いられることがある。

カミングアウト（Coming-out）：自らの性のあり方を自覚し、それを誰かに開示すること。

クエスチョニング（Questioning）：自らの性のあり方等について特定の枠に属さない人、わからない人。典型的な男性・女性ではないと感じる人。

クローゼット（Closeted、in the closet）：自らの性のあり方を自覚しているが、他の人に開示していない状態。押し入れに隠れている状態にたとえていう。

ゲイ（Gay）：性自認が男性で、性的指向が同性に向く人。男性同性愛者。

シスジェンダー（Cis Gender）：出生時の性別と性自認が一致し、それに沿って生きる人のこと。

性自認（Gender Identity）：自分の性別をどのように認識しているかを示す概念。俗に「心の性」と呼ばれることもある。

性的指向（Sexual Orientation）：恋愛や性的関心がどの対象の性別に向くか向かないかを示す概念。恋愛・性愛の関心が異性に向かう異性愛（ヘテロセクシュアル）、同性に向かう同性愛（ホモセクシュアル）、男女両方に向かう両性愛（バイセクシュアル）などがある。俗に「好きになる性」と呼ばれることもある。

性同一性障害（GID、Gender Identity Disorder）：性別違和の中でも、特に精神神経医学的な診断基準を満たした人のこと。

生物学的な性（Sex）：生物としてのヒトを「メス／オス」という二つのカテゴリーに分別する生物学的知見。

性分化疾患（DSDs、Disorders/Differences of Sex Development）：染色体、生殖腺もしくは解剖学的に性の発達が先天的に非定型的である状態を指す用語。※「Differences」を「Diverse」と表記する場合も見られる。

性別違和（Gender Dysphoria）：二〇一三年に改訂された「精神障害診断の手引き　第五版（DSM-5）」

で、「性同一性障害」に代わって使用されている名称。出生時に割り当てられた性別と性自認の不一致を感じている状態を指す。性別違和そのものは精神疾患でないとされている。

性別適合手術（SRs、Sex Reassignment Surgery）：トランスジェンダーのうち、手術前の身体の性的特徴に対して強い違和感や嫌悪感を抱いている人に対し、内外性器の形状を性自認に合わせるために行う外科手術。

セクシュアリティ（Sexuality）：性のあり方の総称。

セクシュアルマイノリティ（Sexual Minority）：性的少数者のこと。正常、規範的などとされている性のあり方の周縁に位置する人々の総称。レズビアン、ゲイ、バイセクシュアル、トランスジェンダーなどを含む。ＬＧＢＴの人々を総称して使うことが多い。

ソジ（SOGI）：「性的指向（Sexual Orientation ＝ＳＯ）」と「性自認（Gender Identity＝ＧＩ）」の略。

トランスジェンダー（Transgender）：出生時に割り当てられた性別とは異なる性を自認する人。

バイセクシュアル（Bisexual）：性的指向が男女どちらにも向く人。両性愛者。

ヘテロセクシュアル（Heterosexual）：性的指向が異性に向く人。異性愛者。

ホモセクシュアル（Homosexual）：性的指向が同性に向く人。ゲイは男性同性愛者、レズビアンは女性同性愛者。

レズビアン（Lesbian）：性自認が女性で、性的指向が同性に向く人。女性同性愛者。

※「ＬＧＢＴ報道ガイドライン」（ＬＧＢＴ法連合会）用語集を元に作成

巻末付録　「パワハラ防止指針」

○厚生労働省告示第五号

労働施策の総合的な推進並びに労働者の雇用の安定及び職業生活の充実等に関する法律（昭和四十一年法律第百三十二号）第三十条の二第三項の規定に基づき、事業主が職場における優越的な関係を背景とした言動に起因する問題に関して雇用管理上講ずべき措置等についての指針を次のように定め、女性の職業生活における活躍の推進に関する法律等の一部を改正する法律（令和元年法律第二十四号）の施行の日（令和二年六月一日）から適用することとしたので、同条第五項の規定に基づき、告示する。

令和二年一月十五日

厚生労働大臣　加藤勝信

事業主が職場における優越的な関係を背景とした言動に起因する問題に関して雇用管理上講ずべき措置等についての指針

1　はじめに

この指針は、労働施策の総合的な推進並びに労働者の雇用の安定及び職業生活の充実等に関する法律（昭和41年法律第132号。以下「法」という。）第30条の2第1項及び第2項に規定する事業主が職場において行われる優越的な関係を背景とした言動であって、業務上必要かつ相当な範囲を超えたものにより、その雇用する労働者の就業環境が害されること（以下「職場におけるパワーハラスメント」という。）のないよう雇用管理上講ずべき措置等について、同条第3項の規定に基づき事業主が適切かつ有効な実施を図るために必要な事項について定めたものである。

2　職場におけるパワーハラスメントの内容

(1) 職場におけるパワーハラスメントは、職場において行われる①優越的な関係を背景とした言動であって、②業務上必要かつ相当な範囲を超えたものにより、③労働者の就業環境が害されるものであり、①から③までの要素を全て満たすものをいう。

なお、客観的にみて、業務上必要かつ相当な範囲で行われる適正な業務指示や指導については、職場におけるパワーハラスメントには該当しない。

(2)「職場」とは、事業主が雇用する労働者が業務を遂行する場所を指し、当該労働者が通常就業している場所以外の場所であっても、当該労働者が業務を遂行する場所については、「職場」に含まれる。

(3)「労働者」とは、いわゆる正規雇用労働者のみならず、パートタイム労働者、契約社員等いわゆる非正規雇用労働者を含む事業主が雇用する労働者の全てをいう。

また、派遣労働者については、派遣元事業主のみならず、労働者派遣の役務の提供を受ける者についても、労働者派遣事業の適正な運営の確保及び派遣労働者の保護等に関する法律（昭和60年法律第88号）第47条の4の規定により、その指揮命令の下に労働させる派遣労働者を雇用する事業主とみなされ、法第30条の2第1項及び第30条の3第2項の規定が適用されることから、労働者派遣の役務の提供を受ける者は、派遣労働者についてもその雇用する労働者と同様に、3（1）の配慮及び4の措置を講ずることが必要である。なお、法第30条の2第2項、第30条の5第2項及び第30条の6第2項の労働者に対する不利益な取扱いの禁止については、派遣労働者も対象に含まれるものであり、派遣元事業主のみならず、労働者派遣の役務の提供を受ける者もまた、当該者に派遣労働者が職場におけるパワーハラスメントの相談を行ったこと等を理由として、当該派遣労働者に係る労働者派遣の役務の提供を拒む等、当該派遣労働者に対する不利益な取扱いを行ってはならない。

（4）「優越的な関係を背景とした」言動とは、当該事業主の業務を遂行するに当たって、当該言動を受ける労働者が当該言動の行為者とされる者（以下「行為者」という。）に対して抵抗又は拒絶することができない蓋然性が高い関係を背景として行われるものを指し、例えば、以下のもの等が含まれる。

・職務上の地位が上位の者による言動
・同僚又は部下による言動で、当該言動を行う者が業務上必要な知識や豊富な経験を有しており、当該者の協力を得なければ業務の円滑な遂行を行うことが困難であるもの
・同僚又は部下からの集団による行為で、これに抵抗又は拒絶することが困難であるもの

（5）「業務上必要かつ相当な範囲を超えた」言動とは、社会通念に照らし、当該言動が明らかに当該事業主の業務上必要性がない、又はその態様が相当でないものを指し、例えば、以下のもの等が含まれる。

・業務上明らかに必要性のない言動
・業務の目的を大きく逸脱した言動
・業務を遂行するための手段として不適当な言動

・当該行為の回数、行為者の数等、その態様や手段が社会通念に照らして許容される範囲を超える言動

この判断に当たっては、さまざまな要素（当該言動の目的、当該言動を受けた労働者の問題行動の有無や内容・程度を含む当該言動が行われた経緯や状況、業種・業態、業務の内容・性質、当該言動の態様・頻度・継続性、労働者の属性や心身の状況、行為者との関係性等）を総合的に考慮することが適当である。また、その際には、個別の事案における労働者の行動が問題となる場合は、その内容・程度とそれに対する指導の態様等の相対的な関係性が重要な要素となることについても留意が必要である。

（6）「労働者の就業環境が害される」とは、当該言動により労働者が身体的又は精神的に苦痛を与えられ、労働者の就業環境が不快なものとなったため、能力の発揮に重大な悪影響が生じる等当該労働者が就業する上で看過できない程度の支障が生じることを指す。

この判断に当たっては、「平均的な労働者の感じ方」、すなわち、同様の状況で当該言動を受けた場合に、社会一般の労働者が、就業する上で看過できない程度の支障が生じたと感じるような言動であるかどうかを基準とすることが適当である。

（7）職場におけるパワーハラスメントは、（1）の①から③までの要素を全て満たすものをいい（客観的にみて、業務上必要かつ相当な範囲で行われる適正な業務指示や指導については、職場におけるパワーハラスメントには該当しない。）、個別の事案についてその該当性を判断するに当たっては、（5）で総合的に考慮することとした事項のほか、当該言動により労働者が受ける身体的又は精神的な苦痛の程度等を総合的に考慮して判断することが必要である。

このため、個別の事案の判断に際しては、相談窓口の担当者等がこうした事項に十分留意し、相談を

行った労働者（以下「相談者」という。）の心身の状況や当該言動が行われた際の受け止めなどその認識にも配慮しながら、相談者及び行為者の双方から丁寧に事実確認等を行うことも重要である。

これらのことを十分踏まえて、予防から再発防止に至る一連の措置を適切に講じることが必要である。

職場におけるパワーハラスメントの状況は多様であるが、代表的な言動の類型としては、以下のイからへまでのものがあり、当該言動の類型ごとに、典型的に職場におけるパワーハラスメントに該当し、又は該当しないと考えられる例としては、次のようなものがある。

ただし、個別の事案の状況等によって判断が異なる場合もあり得ること、また、次の例は限定列挙ではないことに十分留意し、４（２）ロにあるとおり広く相談に対応するなど、適切な対応を行うようにすることが必要である。

なお、職場におけるパワーハラスメントに該当すると考えられる以下の例については、行為者と当該言動を受ける労働者の関係性を個別に記載していないが、（４）にあるとおり、優越的な関係を背景として行われたものであることが前提である。

イ　身体的な攻撃（暴行・傷害）

（イ）該当すると考えられる例

①　殴打、足蹴りを行うこと。

②　相手に物を投げつけること。

（ロ）該当しないと考えられる例

①　誤ってぶつかること。

ロ　精神的な攻撃（脅迫・名誉棄損・侮辱・ひどい暴言）

（イ）該当すると考えられる例

① 人格を否定するような言動を行うこと。相手の性的指向・性自認に関する侮辱的な言動を行うことを含む。

② 業務の遂行に関する必要以上に長時間にわたる厳しい叱責を繰り返し行うこと。

③ 他の労働者の面前における大声での威圧的な叱責を繰り返し行うこと。

④ 相手の能力を否定し、罵倒するような内容の電子メール等を当該相手を含む複数の労働者宛てに送信すること。

（ロ）該当しないと考えられる例

① 遅刻など社会的ルールを欠いた言動が見られ、再三注意してもそれが改善されない労働者に対して一定程度強く注意をすること。

② その企業の業務の内容や性質等に照らして重大な問題行動を行った労働者に対して、一定程度強く注意をすること。

ハ　人間関係からの切り離し（隔離・仲間外し・無視）

（イ）該当すると考えられる例

① 自身の意に沿わない労働者に対して、仕事を外し、長期間にわたり、別室に隔離したり、自宅研修させたりすること。

② 一人の労働者に対して同僚が集団で無視をし、職場で孤立させること。

（ロ）該当しないと考えられる例

①　新規に採用した労働者を育成するために短期間集中的に別室で研修等の教育を実施すること。

②　懲戒規定に基づき処分を受けた労働者に対し、通常の業務に復帰させるために、その前に、一時的に別室で必要な研修を受けさせること。

ニ　過大な要求（業務上明らかに不要なことや遂行不可能なことの強制・仕事の妨害）

（イ）該当すると考えられる例

①　長期間にわたる、肉体的苦痛を伴う過酷な環境下での勤務に直接関係のない作業を命ずること。

②　新卒採用者に対し、必要な教育を行わないまま到底対応できないレベルの業績目標を課し、達成できなかったことに対し厳しく叱責すること。

③　労働者に業務とは関係のない私的な雑用の処理を強制的に行わせること。

（ロ）該当しないと考えられる例

①　労働者を育成するために現状よりも少し高いレベルの業務を任せること。

②　業務の繁忙期に、業務上の必要性から、当該業務の担当者に通常時よりも一定程度多い業務の処理を任せること。

ホ　過小な要求（業務上の合理性なく能力や経験とかけ離れた程度の低い仕事を命じることや仕事を与えないこと）

（イ）該当すると考えられる例

① 管理職である労働者を退職させるため、誰でも遂行可能な業務を行わせること。
② 気にいらない労働者に対して嫌がらせのために仕事を与えないこと。
(ロ) 該当しないと考えられる例
① 労働者の能力に応じて、一定程度業務内容や業務量を軽減すること。
へ 個の侵害（私的なことに過度に立ち入ること）
(イ) 該当すると考えられる例
① 労働者を職場外でも継続的に監視したり、私物の写真撮影をしたりすること。
② 労働者の性的指向・性自認や病歴、不妊治療等の機微な個人情報について、当該労働者の了解を得ずに他の労働者に暴露すること。
(ロ) 該当しないと考えられる例
① 労働者への配慮を目的として、労働者の家族の状況等についてヒアリングを行うこと。
② 労働者の了解を得て、当該労働者の性的指向・性自認や病歴、不妊治療等の機微な個人情報について、必要な範囲で人事労務部門の担当者に伝達し、配慮を促すこと。
この点、プライバシー保護の観点から、へ(イ)②のように機微な個人情報を暴露することのないよう、労働者に周知・啓発する等の措置を講じることが必要である。

3 事業主等の責務
(略)

4　事業主が職場における優越的な関係を背景とした言動に起因する問題に関し雇用管理上講ずべき措置の内容

事業主は、当該事業主が雇用する労働者又は当該事業主（その者が法人である場合にあっては、その役員）が行う職場におけるパワーハラスメントを防止するため、雇用管理上次の措置を講じなければならない。

（1）事業主の方針等の明確化及びその周知・啓発

事業主は、職場におけるパワーハラスメントに関する方針の明確化、労働者に対するその方針の周知・啓発として、次の措置を講じなければならない。

なお、周知・啓発をするに当たっては、職場におけるパワーハラスメントの防止の効果を高めるため、その発生の原因や背景について労働者の理解を深めることが重要である。その際、職場におけるパワーハラスメントの発生の原因や背景には、労働者同士のコミュニケーションの希薄化などの職場環境の問題もあると考えられる。そのため、これらを幅広く解消していくことが職場におけるパワーハラスメントの防止の効果を高める上で重要であることに留意することが必要である。

イ　職場におけるパワーハラスメントの内容及び職場におけるパワーハラスメントを行ってはならない旨の方針を明確化し、管理監督者を含む労働者に周知・啓発すること。

（事業主の方針等を明確化し、労働者に周知・啓発していると認められる例）

①　就業規則その他の職場における服務規律等を定めた文書において、職場におけるパワーハラスメ

ントを行ってはならない旨の方針を規定し、当該規定と併せて、職場におけるパワーハラスメントの内容及びその発生の原因や背景を労働者に周知・啓発すること。

② 社内報、パンフレット、社内ホームページ等広報又は啓発のための資料等に職場におけるパワーハラスメントの内容及びその発生の原因や背景並びに職場におけるパワーハラスメントを行ってはならない旨の方針を記載し、配布等すること。

③ 職場におけるパワーハラスメントの内容及びその発生の原因や背景並びに職場におけるパワーハラスメントを行ってはならない旨の方針を労働者に対して周知・啓発するための研修、講習等を実施すること。

ロ 職場におけるパワーハラスメントに係る言動を行った者については、厳正に対処する旨の方針及び対処の内容を就業規則その他の職場における服務規律等を定めた文書に規定し、管理監督者を含む労働者に周知・啓発すること。

（対処方針を定め、労働者に周知・啓発していると認められる例）

① 就業規則その他の職場における服務規律等を定めた文書において、職場におけるパワーハラスメントに係る言動を行った者に対する懲戒規定を定め、その内容を労働者に周知・啓発すること。

② 職場におけるパワーハラスメントに係る言動を行った者は、現行の就業規則その他の職場における服務規律等を定めた文書において定められている懲戒規定の適用の対象となる旨を明確化し、これを労働者に周知・啓発すること。

（2）相談（苦情を含む。以下同じ。）に応じ、適切に対応するために必要な体制の整備事業主は、労働者からの相談に対し、その内容や状況に応じ適切かつ柔軟に対応するために必要な体制の整備として、次の措置を講じなければならない。

イ　相談への対応のための窓口（以下「相談窓口」という。）をあらかじめ定め、労働者に周知すること。

（相談窓口をあらかじめ定めていると認められる例）

①　相談に対応する担当者をあらかじめ定めること。

②　相談に対応するための制度を設けること。

③　外部の機関に相談への対応を委託すること。

ロ　イの相談窓口の担当者が、相談に対し、その内容や状況に応じ適切に対応できるようにすること。また、相談窓口においては、被害を受けた労働者が萎縮するなどして相談を躊躇する例もあること等も踏まえ、相談者の心身の状況や当該言動が行われた際の受け止めなどその認識にも配慮しながら、職場におけるパワーハラスメントが現実に生じている場合だけでなく、その発生のおそれがある場合や、職場におけるパワーハラスメントに該当するか否か微妙な場合であっても、広く相談に対応し、適切な対応を行うようにすること。例えば、放置すれば就業環境を害するおそれがある場合や、労働者同士のコミュニケーションの希薄化などの職場環境の問題が原因や背景となってパワーハラスメントが生じるおそれがある場合等が考えられる。

（相談窓口の担当者が適切に対応することができるようにしていると認められる例）

①　相談窓口の担当者が相談を受けた場合、その内容や状況に応じて、相談窓口の担当者と人事部門

とが連携を図ることができる仕組みとすること。

② 相談窓口の担当者が相談を受けた場合、あらかじめ作成した留意点などを記載したマニュアルに基づき対応すること。

③ 相談窓口の担当者に対し、相談を受けた場合の対応についての研修を行うこと。

（3）職場におけるパワーハラスメントに係る事後の迅速かつ適切な対応

事業主は、職場におけるパワーハラスメントに係る相談の申出があった場合において、その事案に係る事実関係の迅速かつ正確な確認及び適正な対処として、次の措置を講じなければならない。

イ　事案に係る事実関係を迅速かつ正確に確認すること。

（事案に係る事実関係を迅速かつ正確に確認していると認められる例）

① 相談窓口の担当者、人事部門又は専門の委員会等が、相談者及び行為者の双方から事実関係を確認すること。その際、相談者の心身の状況や当該言動が行われた際の受け止めなどその認識にも適切に配慮すること。

また、相談者と行為者との間で事実関係に関する主張に不一致があり、事実の確認が十分にできないと認められる場合には、第三者からも事実関係を聴取する等の措置を講ずること。

② 事実関係を迅速かつ正確に確認しようとしたが、確認が困難な場合などにおいて、法第30条の6に基づく調停の申請を行うことその他中立な第三者機関に紛争処理を委ねること。

ロ　イにより、職場におけるパワーハラスメントが生じた事実が確認できた場合においては、速やかに被害を受けた労働者（以下「被害者」という。）に対する配慮のための措置を適正に行うこと。

（措置を適正に行っていると認められる例）

① 事案の内容や状況に応じ、被害者と行為者の間の関係改善に向けての援助、被害者と行為者を引き離すための配置転換、行為者の謝罪、被害者の労働条件上の不利益の回復、管理監督者又は事業場内産業保健スタッフ等による被害者のメンタルヘルス不調への相談対応等の措置を講ずること。

② 法第30条の6に基づく調停その他中立な第三者機関の紛争解決案に従った措置を被害者に対して講ずること。

ハ イにより、職場におけるパワーハラスメントが生じた事実が確認できた場合においては、行為者に対する措置を適正に行うこと。

（措置を適正に行っていると認められる例）

① 就業規則その他の職場における服務規律等を定めた文書における職場におけるパワーハラスメントに関する規定等に基づき、行為者に対して必要な懲戒その他の措置を講ずること。あわせて、事案の内容や状況に応じ、被害者と行為者の間の関係改善に向けての援助、被害者と行為者を引き離すための配置転換、行為者の謝罪等の措置を講ずること。

② 法第30条の6に基づく調停その他中立な第三者機関の紛争解決案に従った措置を行為者に対して講ずること。

ニ 改めて職場におけるパワーハラスメントに関する方針を周知・啓発する等の再発防止に向けた措置を講ずること。

なお、職場におけるパワーハラスメントが生じた事実が確認できなかった場合においても、同様の措置を講ずること。

（再発防止に向けた措置を講じていると認められる例）

① 職場におけるパワーハラスメントを行ってはならない旨の方針及び職場におけるパワーハラスメントに係る言動を行った者について厳正に対処する旨の方針を、社内報、パンフレット、社内ホームページ等広報又は啓発のための資料等に改めて掲載し、配布等すること。

② 労働者に対して職場におけるパワーハラスメントに関する意識を啓発するための研修、講習等を改めて実施すること。

（4）（1）から（3）までの措置と併せて講ずべき措置

（1）から（3）までの措置を講ずるに際しては、併せて次の措置を講じなければならない。

イ 職場におけるパワーハラスメントに係る相談者・行為者等の情報は当該相談者・行為者等のプライバシーに属するものであることから、相談への対応又は当該パワーハラスメントに係る事後の対応に当たっては、相談者・行為者等のプライバシーを保護するために必要な措置を講ずるとともに、その旨を労働者に対して周知すること。なお、相談者・行為者等のプライバシーには、性的指向・性自認や病歴、不妊治療等の機微な個人情報も含まれるものであること。

（相談者・行為者等のプライバシーを保護するために必要な措置を講じていると認められる例）

① 相談者・行為者等のプライバシーの保護のために必要な事項をあらかじめマニュアルに定め、相談窓口の担当者が相談を受けた際には、当該マニュアルに基づき対応するものとすること。

② 相談者・行為者等のプライバシーの保護のために、相談窓口の担当者に必要な研修を行うこと。

③　相談窓口においては相談者・行為者等のプライバシーを保護するために必要な措置を講じていることを、社内報、パンフレット、社内ホームページ等広報又は啓発のための資料等に掲載し、配布等すること。

ロ　法第30条の2第2項、第30条の5第2項及び第30条の6第2項の規定を踏まえ、労働者が職場におけるパワーハラスメントに関し相談をしたこと若しくは事実関係の確認等の事業主の雇用管理上講ずべき措置に協力したこと、都道府県労働局に対して相談、紛争解決の援助の求め若しくは調停の申請を行ったこと又は調停の出頭の求めに応じたこと（以下「パワーハラスメントの相談等」という。）を理由として、解雇その他不利益な取扱いをされない旨を定め、労働者に周知・啓発すること。

（不利益な取扱いをされない旨を定め、労働者にその周知・啓発することについて措置を講じていると認められる例）

①　就業規則その他の職場における服務規律等を定めた文書において、パワーハラスメントの相談等を理由として、労働者が解雇等の不利益な取扱いをされない旨を規定し、労働者に周知・啓発をすること。

②　社内報、パンフレット、社内ホームページ等広報又は啓発のための資料等に、パワーハラスメントの相談等を理由として、労働者が解雇等の不利益な取扱いをされない旨を記載し、労働者に配布等すること。

5　事業主が職場における優越的な関係を背景とした言動に起因する問題に関し行うことが望ましい取組

の内容
（略）

6　事業主が自らの雇用する労働者以外の者に対する言動に関し行うことが望ましい取組の内容

3の事業主及び労働者の責務の趣旨に鑑みれば、事業主は、当該事業主が雇用する労働者が、他の労働者（他の事業主が雇用する労働者及び求職者を含む。）のみならず、個人事業主、インターンシップを行っている者等の労働者以外の者に対する言動についても必要な注意を払うよう配慮するとともに、事業主（その者が法人である場合にあっては、その役員）自らと労働者も、労働者以外の者に対する言動について必要な注意を払うよう努めることが望ましい。

こうした責務の趣旨も踏まえ、事業主は、4（1）イの職場におけるパワーハラスメントを行ってはならない旨の方針の明確化等を行う際に、当該事業主が雇用する労働者以外の者（他の事業主が雇用する労働者、就職活動中の学生等の求職者及び労働者以外の者）に対する言動についても、同様の方針を併せて示すことが望ましい。

また、これらの者から職場におけるパワーハラスメントに類すると考えられる相談があった場合には、その内容を踏まえて、4の措置も参考にしつつ、必要に応じて適切な対応を行うように努めることが望ましい。

7　事業主が他の事業主の雇用する労働者等からのパワーハラスメントや顧客等からの著しい迷惑行為に

関し行うことが望ましい取組の内容

事業主は、取引先等の他の事業主が雇用する労働者又は他の事業主（その者が法人である場合にあっては、その役員）からのパワーハラスメントや顧客等からの著しい迷惑行為（暴行、脅迫、ひどい暴言、著しく不当な要求等）により、その雇用する労働者が就業環境を害されることのないよう、雇用管理上の配慮として、例えば、（1）及び（2）の取組を行うことが望ましい。また、（3）のような取組を行うことも、その雇用する労働者が被害を受けることを防止する上で有効と考えられる。

（1）相談に応じ、適切に対応するために必要な体制の整備

事業主は、他の事業主が雇用する労働者等からのパワーハラスメントや顧客等からの著しい迷惑行為に関する労働者からの相談に対し、その内容や状況に応じ適切かつ柔軟に対応するために必要な体制の整備として、4（2）イ及びロの例も参考にしつつ、次の取組を行うことが望ましい。

また、併せて、労働者が当該相談をしたことを理由として、解雇その他不利益な取扱いを行ってはならない旨を定め、労働者に周知・啓発することが望ましい。

イ　相談先（上司、職場内の担当者等）をあらかじめ定め、これを労働者に周知すること。

ロ　イの相談を受けた者が、相談に対し、その内容や状況に応じ適切に対応できるようにすること。

（2）被害者への配慮のための取組

事業主は、相談者から事実関係を確認し、他の事業主が雇用する労働者等からのパワーハラスメントや顧客等からの著しい迷惑行為が認められた場合には、速やかに被害者に対する配慮のための取組を行うことが望ましい。

（被害者への配慮のための取組例）

事案の内容や状況に応じ、被害者のメンタルヘルス不調への相談対応、著しい迷惑行為を行った者に対する対応が必要な場合に一人で対応させない等の取組を行うこと。

（3）他の事業主が雇用する労働者等からのパワーハラスメントや顧客等からの著しい迷惑行為による被害を防止するための取組

（1）及び（2）の取組のほか、他の事業主が雇用する労働者等からのパワーハラスメントや顧客等からの著しい迷惑行為からその雇用する労働者が被害を受けることを防止する上では、事業主が、こうした行為への対応に関するマニュアルの作成や研修の実施等の取組を行うことも有効と考えられる。

また、業種・業態等によりその被害の実態や必要な対応も異なると考えられることから、業種・業態等における被害の実態や業務の特性等を踏まえて、それぞれの状況に応じた必要な取組を進めることも、被害の防止に当たっては効果的と考えられる。

神谷悠一（かみや　ゆういち）

一九八五年岩手県生まれ。一橋大学大学院社会学研究科修士課程修了。労働団体の全国組織本部事務局を経て、現在は約一〇〇のＬＧＢＴ関連団体から構成される全国組織、通称「ＬＧＢＴ法連合会」事務局長。

松岡宗嗣（まつおか　そうし）

一九九四年愛知県生まれ。明治大学政治経済学部卒。ライター。政策や法制度などのＬＧＢＴ関連情報を発信する一般社団法人fair代表理事。

ＬＧＢＴ《エルジービーティー》とハラスメント

集英社新書一〇二七Ｂ

二〇二〇年七月二二日　第一刷発行
二〇二二年一二月六日　第四刷発行

著者……神谷悠一《かみやゆういち》／松岡宗嗣《まつおかそうし》

発行者……樋口尚也

発行所……株式会社集英社

東京都千代田区一ツ橋二‐五‐一〇　郵便番号一〇一‐八〇五〇
電話　〇三‐三二三〇‐六三九一（編集部）
〇三‐三二三〇‐六〇八〇（読者係）
〇三‐三二三〇‐六三九三（販売部）書店専用

装幀……原　研哉

印刷所……凸版印刷株式会社

製本所……加藤製本株式会社

定価はカバーに表示してあります。

ISBN 978-4-08-721127-6 C0232　Printed in Japan

集英社新書　好評既刊

政治・経済——A

- 国家戦略特区の正体 外資に売られる日本　郭 洋春
- 愛国と信仰の構造 全体主義はよみがえるのか　中島岳志／島薗 進
- イスラームとの講和 文明の共存をめざして　内藤正典／中田 考
- 「憲法改正」の真実　樋口陽一／小林 節
- 世界を動かす巨人たち〈政治家編〉　池上 彰
- 安倍官邸とテレビ　砂川浩慶
- 普天間・辺野古 歪められた二〇年　宮城大蔵／渡辺 豪
- イランの野望 浮上する「シーア派大国」　鵜塚 健
- 自民党と創価学会　佐高 信
- 世界「最終」戦争論 近代の終焉を超えて　内田 樹／姜 尚中
- 日本会議 戦前回帰への情念　山崎雅弘
- 不平等をめぐる戦争 グローバル税制は可能か？　上村雄彦
- 中央銀行は持ちこたえられるか　河村小百合
- 近代天皇論 ——「神聖」か、「象徴」か　片山杜秀／島薗 進
- 地方議会を再生する　相川俊英
- ビッグデータの支配とプライバシー危機　宮下 紘
- スノーデン 日本への警告　エドワード・スノーデン／青木 理 ほか
- 閉じてゆく帝国と逆説の21世紀経済　水野和夫
- 新・日米安保論　柳澤協二／伊勢崎賢治／加藤 朗
- 世界を動かす巨人たち〈経済人編〉　池上 彰
- アジア辺境論 これが日本の生きる道　内田 樹／姜 尚中
- ナチスの「手口」と緊急事態条項　長谷部恭男／石田勇治
- 「在日」を生きる ある詩人の闘争史　金 時鐘／佐高 信
- 改憲的護憲論　松竹伸幸
- 決断のとき——トモダチ作戦と涙の基金　小泉純一郎 取材・構成 常井健一
- 公文書問題 日本の「闇」の核心　瀬畑 源
- 大統領を裁く国 アメリカ　矢部 武
- 国体論 菊と星条旗　白井 聡
- 広告が憲法を殺す日　本間 龍／南部義典
- よみがえる戦時体制 治安体制の歴史と現在　荻野富士夫
- 権力と新聞の大問題　望月衣塑子／マーティン・ファクラー
- 「改憲」の論点　木村草太／青井未帆 ほか
- 保守と大東亜戦争　中島岳志

a pilot of wisdom

富山は日本のスウェーデン　井手英策
スノーデン　監視大国　日本を語る　エドワード・スノーデン　国谷裕子　ほか
「働き方改革」の嘘　久原穏
国権と民権　佐高信　早野透
限界の現代史　内藤正典
除染と国家　21世紀最悪の公共事業　日野行介
安倍政治　100のファクトチェック　南彰　望月衣塑子
「通貨」の正体　浜矩子
隠された奴隷制　植村邦彦
未来への大分岐　マルクス・ガブリエル　マイケル・ハート　ポール・メイソン　斎藤幸平・編
「国連式」世界で戦う仕事術　滝澤三郎
国家と記録　政府はなぜ公文書を隠すのか？　瀬畑源
水道、再び公営化！　欧州・水の闘いから日本が学ぶこと　岸本聡子
改訂版　著作権とは何か　文化と創造のゆくえ　福井健策
朝鮮半島と日本の未来　姜尚中
人新世の「資本論」　斎藤幸平
国対委員長　辻元清美

アフリカ　人類の未来を握る大陸　別府正一郎
〈全条項分析〉日米地位協定の真実　松竹伸幸
日本再生のための「プランB」　兪炳匡
新世界秩序と日本の未来　内田樹　姜尚中
世界大麻経済戦争　矢部武
中国共産党帝国とウイグル　橋爪大三郎　中田考
安倍晋三と菅直人　尾中香尚里
ジャーナリズムの役割は空気を壊すこと　森達也　望月衣塑子
代表制民主主義はなぜ失敗したのか　藤井達夫
会社ではネガティブな人を活かしなさい　友原章典
自衛隊海外派遣　隠された「戦地」の現実　布施祐仁
北朝鮮　拉致問題　極秘文書から見える真実　有田芳生
アフガニスタンの教訓　挑戦される国際秩序　山本忠通　内藤正典
原発再稼働　葬られた過酷事故の教訓　日野行介
北朝鮮とイラン　福原裕二　吉村慎太郎
歴史から学ぶ　相続の考え方　神山敏夫
非戦の安全保障論　柳澤協二　伊勢﨑賢治　加藤朗　林吉永

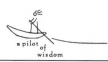

a pilot of wisdom

集英社新書　好評既刊

バーテンダーの流儀

城アラキ　1017-H

酒と酒にまつわる人間関係を描き続けてきた漫画原作者が贈る、教養としての大人のバー入門。

百田尚樹をぜんぶ読む

杉田俊介／藤田直哉　1018-F

ベストセラー作家、敏腕放送作家にして「保守」論客の百田尚樹。全作品を気鋭の批評家が徹底的に論じる。

北澤楽天と岡本一平　日本漫画の二人の祖

竹内一郎　1019-F

手塚治虫に影響を与えた楽天と一平の足跡から、日本の代表的文化となった漫画・アニメの歴史を描く。

すべての不調は口から始まる

江上一郎　1020-I

むし歯や歯周病などの口腔感染症が誘発する様々な疾患、口腔ケアで防ぐためのセルフケア法を詳述！

香港デモ戦記

小川善照　1021-B

ブルース・リーの言葉「水になれ」を合い言葉に形を変え続ける、二一世紀最大の市民運動を活写する。

朝鮮半島と日本の未来

姜尚中　1022-A

「第一次核危機」以降の北東アジア四半世紀の歴史を丹念に総括しつつ進むべき道を探った、渾身の論考。

音楽が聴けなくなる日

宮台真司／永田夏来／かがりはるき　1023-F

音源・映像の「自粛」は何のため、誰のためか。異を唱える執筆陣が背景・構造を明らかにする。

ことばの危機　大学入試改革・教育政策を問う

阿部公彦／沼野充義／納富信留／大西克也／安藤　宏

東京大学文学部広報委員会・編　1024-B

「実用性」を強調し、文学を軽視しようとする教育政策はいかなる点で問題なのか。東大文学部の必読講演録。

国家と移民　外国人労働者と日本の未来

鳥井一平　1025-B

技能実習生に「時給三〇〇円」の奴隷労働を強いる日本社会が、持続可能な「移民社会」になる条件を解説。

「慵斎叢話」15世紀朝鮮奇譚の世界

野崎充彦　1026-D

科挙合格官僚・成俔が著した、儒教社会への先入観を打ち破る奇異譚を繙く、朝鮮古典回帰のすすめ。

既刊情報の詳細は集英社新書のホームページへ
http://shinsho.shueisha.co.jp/

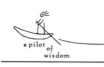